は し ；

JN113452

　本書は、一般的な法律相談においてよく聞かれる質問に絞り、これに対する迅速で正確な回答ができるよう、相談者に対する回答方針とその解説をコンパクトにまとめた「必携　実務家のための法律相談ハンドブック」の続編となる、中小企業の法律相談に、これ一冊あれば一通りの回答ができる、という書籍です。

　中小企業においては、法務部門などの法的問題を解決する部署がないところも多く、社員の方が法律相談において弁護士に相談するということはよくあります。また、若手の弁護士が、事務所の顧問先となる会社から突然質問を受けるなどということもあるでしょう。

　本書籍は、中小企業において問題となることが想定される全10の分野として①顧客・取引先対応、②人事労務、③情報管理、④会社法関係、⑤事業承継、⑥知的財産、⑦債権回収、⑧不祥事・危機管理対応、⑨IT関係、⑩税務問題を取り上げ、各分野につき10問程度を目安として相談事例を設定し、これに見開き2頁の解説を付しました。解説の冒頭には、法律相談を受けた際に、まずは一言で回答することができるよう、結論や回答の方針をコンパクトにまとめて掲載しました。相談を受けた際は、この結論部分や回答方針をお話しいただき、その後、この結論等を敷衍して説明していただければ、質問に対して基本的な回答をすることができることになります。また解説としては、法制度の趣旨や条文の簡単な説明に加えて、関連する重要判例、所管の官庁が出している最新の指針等についても言及するようにしておりますので、法律相談を受けた際には、本書の解説を参照することで、最新の情報に基づき回答することが可能となります。

　本書の設問とその解説については、第一東京弁護士会の弁護士で構成されている全期会及び全期旬和会の弁護士が執筆致しました。全期会は、創立100年を迎えた第一東京弁護士会の最大会派であり、日本弁

護士連合会の会長、最高裁判所裁判官などを多数輩出しており、また全期旬和会は、この全期会所属弁護士のうち登録15年目までの新進気鋭の弁護士で構成される会であり、執筆陣は、第一線で法律相談実務に対応し、本書籍で取り上げた各分野に精通している経験豊富な両会の弁護士です。本書は、弁護士としての激務にもかかわらず、執筆を引き受けてくれた全期会、及び全期旬和会の弁護士たちの多大な努力がなければ完成することはありませんでした。快く執筆、及び編集責任者をお引き受けいただいた編集委員・執筆者の先生方に、心から感謝申し上げます。

　そして、本書の完成には、「必携　実務家のための法律相談ハンドブック」に引き続き、中小企業向けの法律相談を扱う書籍につきご提案下さり、原稿の取りまとめや編集作業を一手に引き受けてくださった新日本法規出版株式会社の森聡氏の協力が不可欠でした。ここに心からの感謝を申し上げます。

　本書が、弁護士、法律実務を扱う士業の方々、さらには中小企業の法律問題を取り扱うすべての皆さまにとって、欠かすことのできない必携の書となることを祈念し、世に送り出したいと思います。

　2023年9月

　　　　　第一東京弁護士会　全期会

　　　　　　　令和4年度　幹事長　　市川　正司

　　　　　　　令和5年度　幹事長　　相原　佳子

　　　　　第一東京弁護士会　全期旬和会

　　　　　　　令和4年度　代表幹事　上島　正道

　　　　　　　令和5年度　代表幹事　村瀬　幸子

必携

実務家のための法律相談ハンドブック

【顧問先等企業編】

編集　第一東京弁護士会　全期会
　　　第一東京弁護士会　全期旬和会

新日本法規

編集・執筆者一覧

編　集　第一東京弁護士会　全期会
　　　　第一東京弁護士会　全期旬和会

＜編集委員＞（五十音順）

板橋　喜彦（弁護士）

浦部　明子（弁護士）

岡本　直也（弁護士）

上島　正道（弁護士）

佐藤　彰紘（弁護士）

徳田　貴仁（弁護士・税理士）

野田　聖子（弁護士）

前川　　晶（弁護士）

八木　　理（弁護士）

吉岡　　毅（弁護士）

＜執筆者＞（五十音順）

伊苅　美苗（弁護士）

井川　智允（弁護士）

今泉　仁志（弁護士）

太田　慈子（弁護士）

梶谷　　陽（弁護士）

川島　一毅（弁護士）

喜多晋太郎（弁護士）

草留　夕雅（弁護士）

草開　文緒（弁護士）

熊谷　博幸（弁護士）

近藤　遼平（弁護士）

櫻井　　陽（弁護士）

佐藤　愛美（弁護士）

鈴木　雄斗（弁護士）

十亀　正嗣（弁護士）

松村　　啓（弁護士・弁理士）

横溝　　聡（弁護士）

略　語　表

<法令等の表記>

　根拠となる法令等の略記例及び略語は次のとおりです（〔　〕は本文中の略語を示します。）。

　　会社法第298条第1項第1号＝会社298①一

育児介護〔育児介護休業法〕	育児休業、介護休業等育児又は家族介護を行う労働者の福祉に関する法律
意匠	意匠法
会社	会社法
会社則	会社法施行規則
割賦	割賦販売法
刑	刑法
景表〔景品表示法〕	不当景品類及び不当表示防止法
憲	日本国憲法
個人情報〔個人情報保護法〕	個人情報の保護に関する法律
産競	産業競争力強化法
下請代金〔下請法〕	下請代金支払遅延等防止法
消税	消費税法
消費契約	消費者契約法
商標	商標法
ストーカー	ストーカー行為等の規制等に関する法律
製造物	製造物責任法
税理士	税理士法
租特	租税特別措置法
地税	地方税法
中小承継〔経営承継円滑化法〕	中小企業における経営の承継の円滑化に関する法律
著作	著作権法
電子署名	電子署名及び認証業務に関する法律
〔電子帳簿保存法〕	電子計算機を使用して作成する国税関係帳簿書類の保存方法等の特例に関する法律
独禁〔独占禁止法〕	私的独占の禁止及び公正取引の確保に関する法律
特定商取引〔特定商取引法〕	特定商取引に関する法律
特定電通賠責〔プロバイダ責任制限法〕	特定電気通信役務提供者の損害賠償責任の制限及び発信者情報の開示に関する法律

特定電通賠責規	特定電気通信役務提供者の損害賠償責任の制限及び発信者情報の開示に関する法律施行規則	民訴規	民事訴訟規則
		民保	民事保全法
		労基	労働基準法
特許	特許法	労契	労働契約法
任意後見	任意後見契約に関する法律	労働施策推進	労働施策の総合的な推進並びに労働者の雇用の安定及び職業生活の充実等に関する法律
破産	破産法		
不正競争	不正競争防止法		
法税	法人税法	〔個人情報保護法ガイドライン〕	個人情報の保護に関する法律についてのガイドライン
法税令	法人税法施行令		
保険業	保険業法		
保険業則	保険業法施行規則	消基通	消費税基本通達
民	民法	所基通	所得税基本通達
民執	民事執行法	評基通	財産評価基本通達
民執規	民事執行規則		
民訴	民事訴訟法		

＜判例の表記＞

根拠となる判例の略記例及び出典の略称は次のとおりです。

最高裁判所大法廷平成30年10月17日決定、最高裁判所民事判例集72巻5号890頁＝最大決平30・10・17民集72・5・890

判時	判例時報	労民	労働関係民事裁判例集
判タ	判例タイムズ	知財集	知的財産権関係民事・行政裁判例集
金判	金融・商事判例		
民集	最高裁判所民事判例集	無体集	無体財産関係民事・行政裁判例集
労判	労働判例		

目　　次

第1章　顧客・取引先対応

第2章　人事労務に関する法律相談

第1　募集・採用

第4章　会社に関する法律相談

第5章　事業譲渡・事業承継に関する法律相談

第6章　知的財産に関する法律相談

第7章　債権回収に関する法律相談

第8章　不祥事対応・危機管理・反社会的勢力 対応に関する法律相談

第9章　IT・インターネットに関する法律相談

第10章　税務に関する法律相談

1

【1】　顧客対応

　飲食店で飲食したという客から、食中毒になったとして休業損害や慰謝料請求の請求があった場合、どう対応すべきですか。

相談対応の ポイント	◇事実関係、すなわち食中毒発症の事実、及び飲食店で提供した食事等により食中毒を発症した事実の有無を確認します。 ◇損害の有無につき、相手方に損害を裏付ける証拠の提出を求め、これを精査します。 ◇仮に金銭を支払う場合は、合意書を作成します。

1　クレーム対応の基本：事実関係の確認

(1)　クレーム対応の基本的対応

　クレームを受けた際の対応として、最も重要となるのは、事実関係の確認です。確認事項としては、次のとおり多岐にわたります。事実関係の確認において留意すべき点は、確認事項の全てにおいて、できる限り裏付けを取るということです。

(2)　確認すべき事項

　クレームを受けた際に確認すべき事項としては、（A）クレームをつけてきた側に求めるべき確認事項（以下のア、イ、オ）と、（B）店舗側で確認すべき事項（以下のウ、エ）とに分けられます。

　　ア　経営する飲食店で食事をした事実〔レシート等〕

　クレームをつけてきている客が、本当にその飲食店で食事をした事実があるのか、食事をしたのはいつか、ということを確認する必要があります。

　　イ　食中毒発症の事実〔診断書等〕

　食中毒を発症したという以上は、単におなかが痛かった、などという主訴では足りず、医療機関における診断書を確認し、本当に食中毒を発症していたのか、裏付けを求める必要があります。さらに、後述のエで確認することになる、当該飲食店で提供した食事に用いられた食材に、食中毒を発症する危険があるものが存在するのかという点も確認が必要となります。

　　ウ　当該飲食店で他に食中毒を発症した者がいるか否か〔報告書等〕

　クレームをつけてきた客と同一のメニューの提供を受けた他の客から、食中毒を発症したというクレームが来ているのかを確認する必要があります。

　　エ　使用した食材〔納品書等〕

　クレームをつけてきた客に提供した食事に用いられていた食材が何かを確認し、その食材から食中毒が発症し得るかを確認します。仮に食材が残っていた場合は証拠として保管することも必要です。

　　オ　損害〔医療機関の領収書、交通費の領収書、その他〕

　当該客から、損害として、どのような主張がなされているのかにもよりますが、医療機関を受診した際の診察費や診断書作成料、医療機関までの交通費は損害となりますので、これらについては領収書等で確認を行います。休業損害、営業損失などの主張がなされれば、その裏付け資料（休業証明書、決算書等）も提出を求める必要があります。

2　合意書の作成

　以上の事実関係を確認し、経営する飲食店で食事をした客が、その提供した食事によって食中毒を発症し、損害を被ったということであれば、その損害を賠償するために、一定の金銭を支払うことになります。

　もっとも、支払うべき金額は、損害との因果関係があると認められる範囲に収める必要があります。

　また、診療費や休業損害などのほかに「慰謝料」を支払う場合は、いくらの支払が合理的であるのかを慎重に判断する必要があります。このときの慰謝料額の判断には、交通事故における損害賠償額算定基準（日弁連交通事故相談センター東京支部）が参考になります。

【2】　クレームストーカーへの対応

　常連客から外で会いたいと連絡を受けた社員が、これを断ったため執拗にクレームをつけられて困っていると相談してきた場合、会社は、この客に対し、どのような対応をとる必要がありますか。

相談対応の ポイント	◇当該顧客に対しては、会社として申入れや警告を行います。 ◇警察に対応を求めることが有効な場合もあります。

1　クレームストーカー問題
(1)　クレームストーカーとは
　顧客が、社員（販売スタッフなど）に対して好意を寄せて連絡を取るなどしたため、社員がこれを断ったところ、当該社員に対し執拗にクレームを申し入れてくるというケースがあります。このように、クレームを装いつつ、特定の社員に付きまとうなどする顧客を「クレームストーカー」といいます。
(2)　クレームストーカーの具体例
　クレームストーカーの例としては、接客業務などの社員に対して、業務上のクレームや、当該社員のSNSなどを閲覧して得た情報を基にクレームを申し入れ、その説明を求める面会を申し入れて、当該社員に会えるまで窓口から退去しないといった行為、又は連日のように頻繁に電話をかけてきて、当該社員に電話対応を求めるなどの行為が典型例です。

2　顧客対応
　本件のような行動をとる顧客に対しては、会社からの申入れや警告等を行うという対応と、警察を通じて警告をしてもらうという対応が考えられます。
(1)　会社による警告
　会社は、クレームをつけてきている顧客に対して、当該クレーム内容を精査した上で、（A）これが言いがかりにすぎないものであれば、今後二度とその社員に対して同様の行動をとらないよう警告を発することが必要となります。これに対し、（B）クレーム内容が、それ自体は正当と認められる場合（例えば社員の対応の際に不適切な言動があった場合など）は、クレームに対する会社としての回答（今後の社員教育の徹底等）とともに、クレームの申入れをこれ以上行わないよ

う警告することが必要となります。クレーム内容が正当であったとしても、執拗に面談を求めたり、多数回の電話をかけてくるということは許されることではないからです。なお、警告の発し方としては、面談や電話で伝えるという方法もありますが、内容証明郵便を送付することが、後に争いとなった場合にも証拠として残る点で有効です。

（2）　警察による警告

クレームが執拗で、犯罪行為に当たる場合は、警察に相談し、警告等を発してもらうことが有効です。クレームストーカーの行動で成立し得る犯罪は次のようなものです。

　ア　ストーカー規制法（ストーカー行為等の規制等に関する法律）

ストーカー規制法は、つきまとい等を禁止しており、この「つきまとい等」とは、特定の者に対する恋愛感情、その他の好意の感情、又はそれが満たされなかったことに対する怨恨の感情を充足する目的で、その特定の者やその特定の者と社会生活上密接な関係を有する者に対して、①面会、交際その他の義務のないことを行うことを要求すること、②著しく粗野又は乱暴な言動をすること、③電話を拒まれたにもかかわらず、連続して、電話をかけたり、文書を送付したり、ファックス・電子メールの送信等をすることなどをいいます。これらの行為が行われている場合は、警察に相談し、被害届を出すことで、警察から警告してもらったり（ストーカー4）、公安委員会に禁止命令（ストーカー5）を出してもらうことも可能となります。

　イ　不退去罪（刑130）

会社から退去要求を受けたにもかかわらず退去しなかった場合に成立します。

　ウ　威力業務妨害（刑234）

威力を用いて人の業務を妨害した場合は、威力業務妨害罪が成立します。会社に頻繁に電話をかけたり、受付で大声で騒ぐ等の行為はこれに該当します。

　エ　強要罪（刑223）

生命、身体、自由、名誉、財産に害を加えると告げて脅迫したり、暴行を加え、義務のないこと（土下座や謝罪等）を行わせた場合に成立します。

【3】　カスタマーハラスメントからの従業員保護

　常連客から個人的に執拗なクレームをつけられて困っていると従業員から相談があった場合、会社は、当該従業員を守るため、どのような対応をとる必要がありますか。

相談対応の ポ イ ン ト	◇会社は、従業員に対し安全配慮義務を負っています。 ◇カスタマーハラスメントから従業員を守るため、会社は従業員への配慮の措置をとる必要があります。

1　カスタマーハラスメントと安全配慮義務

(1)　カスタマーハラスメントとは

　顧客の執拗なクレームは、カスタマーハラスメントに該当する場合があります。カスタマーハラスメントとは、顧客や取引先（以下「顧客等」といいます。）からの暴力や悪質なクレーム等の著しい迷惑行為を意味します。本来、顧客等からのクレームや苦情（以下単に「クレーム」といいます。）は、商品・サービスや接客態度・システム等に対する不平・不満を訴えるものであり、業務改善や新たな商品・サービスの開発につながるものもあります。一方、クレームの中には、過剰な要求や、商品・サービスに不当な言いがかりをつけるものもあります。不当・悪質なクレームは、社員に過度の精神的ストレスを感じさせるとともに、これにより通常の業務に支障を来すこともあり、会社や社員に金銭的、時間的、精神的苦痛等を与えるなど、多大な損失を招く危険があります。

(2)　会社の安全配慮義務

　会社（使用者）は、労働契約に基づき、賃金支払義務を負うほか、労働契約上の付随義務として、当然に安全配慮義務を負っています。この安全配慮義務とは、労働契約法に規定されており、「使用者は、労働契約に伴い、労働者がその生命、身体等の安全を確保しつつ労働することができるよう、必要な配慮をする。」と定められています(労契5)。この「生命、身体等の安全」には、心身の健康も含まれ、「必要な配慮」とは、労働者の職種、労務内容、労務提供場所等の具体的な状況に応じた対応となります。

　社員が、顧客の執拗なクレームを申告してきた場合、会社は、社員が危害を加えられないようにすることに加えて、精神的な不調を来すことなどがないよう、心身の健康にも配慮する必要があります。

　なお、令和元年6月に「労働施策の総合的な推進並びに労働者の雇用の安定及び職業生活の充実等に関する法律」等が改正され、職場におけるパワーハラスメント防止のため雇用管理上必要な措置を講じることが事業主の義務となり、この改正を踏まえ、令和2年1月に「事業主が職場における優越的な関係を背景とした言動に起因する問題に関して雇用管理上講ずべき措置等についての指針」(令2厚労告5) が策定され、顧客等からの著しい迷惑行為（カスタマーハラスメント）につき、事業主は、相談に応じ、適切に対応するための体制整備や被害者への配慮の取組を行うことが望ましく、被害防止の取組を行うことが有効である旨が定められました。

2　従業員に対する具体的な対応

　会社は、カスタマーハラスメントを想定し、事前に、①カスタマーハラスメント対策の基本方針を定め、これを社員に周知・啓発する、②社員のための相談体制の整備、③対応方法・手順の策定、及び④社内対応ルールの従業員等への教育・研修などの対応を取ることが必要となります。カスタマーハラスメントが発生した場合の対応は以下のようなものが考えられます（「カスタマーハラスメント対策企業マニュアル」(https://www.mhlw.go.jp/content/11900000/000915233.pdf（2023.8.9)))。

　(1)　事実関係の正確な確認と事案への対応

　顧客の行為がカスタマーハラスメントに該当するか否かを判断するため、顧客、従業員等からの情報を基に、その行為が事実であるか確かな証拠・証言に基づき確認し、事実であれば謝罪等を行い、瑕疵や過失がなければ要求に応じないことが必要となります。

　(2)　従業員への配慮の措置

　被害を受けた社員に対する配慮の措置を適正に行う必要があります。例えば、当該社員を、当該顧客の担当から外し、精神面のケアを行うなどです。

　(3)　再発防止のための取組

　再発防止のため、定期的に取組を見直し、継続的に改善に取り組みます。

【4】　消費者契約法による契約の取消し

契約が消費者契約法によって取り消されるのは、どのような場合ですか。

相談対応の ポイント	◇契約は消費者契約法に抵触すると取消し又は無効となります。 ◇不当な勧誘により締結した契約は取り消されます。

1　消費者契約法の概要

(1)　消費者契約法の趣旨と規定

消費者契約法は、消費者（個人。ただし事業として契約当事者となる場合を除きます。）と事業者との間では、情報の質・量や交渉力に格差があることを踏まえ、消費者の利益を守るため、消費者契約につき、不当な勧誘による契約の取消しや、不当な契約条項の無効等を規定しています（消費契約1）。

(2)　同法の改正

消費者契約法は改正が繰り返されており、平成18年には消費者団体訴訟制度が導入され（平成19年6月より運用）、平成20年には、消費者団体訴訟制度の対象が景品表示法と特定商取引法に、平成25年には、食品表示法に拡大されました。平成28年、同30年、令和4年には、取り消し得る不当な勧誘行為が追加され、無効となる不当な契約条項が追加される等の民事ルールの改正が行われました。消費者と契約を締結する企業は、消費者契約法に抵触しないよう、改正も含めて社員に周知徹底しておく必要があります。

2　消費者契約法により取消しが可能となる契約行為

消費者契約法により、後に取り消され得る契約行為とは、不当な勧誘により締結させられた契約です。具体的には以下のような行為です（消費契約4）。

①不実告知	重要事項につき事実と異なることを告げた場合
②断定的判断の 提供	契約目的となるものに関し、将来の価額など将来の変動が不確実な事項につき断定的判断を提供した場合
③不利益事実の 不告知	重要事項等につき消費者の利益となる旨を告げかつ不利益事実（その告知により当該事実が存在しないと消費者が通常考えるもの）を故意又は重過失により告げなかった場合
④不退去	住居等から退去すべき旨意思を示したにもかかわらず退去しない
⑤退去妨害	事業者が契約締結について勧誘している場所から消費者が退去する

	旨の意思を示したにもかかわらず消費者を退去させない
⑥退去困難場所での勧誘	契約締結を勧誘することを告げず消費者が任意に退去することが困難な場所に消費者を同行し、そこで契約締結を勧誘
⑦相談妨害	契約締結相談を行うために電話等で連絡することを、威迫言動を交えて妨げた場合
⑧不安をあおる告知（就職セミナー商法等）	消費者が社会生活上の経験が乏しいことから、願望の実現に過大な不安を抱いていることを知りながら、不安をあおり、裏付けとなる合理的根拠や正当な理由がないのに、物品、権利、役務等の契約目的が願望実現に必要である旨を告げた場合
⑨好意の感情の不当な利用（デート商法等）	消費者が、社会生活上の経験が乏しいことから、契約締結の勧誘者に恋愛感情その他の好意の感情を抱き、かつ勧誘者も消費者に同様の感情を抱いていると誤信していることを知りながら、契約を締結しなければ勧誘者との関係が破綻する旨を告げた場合
⑩判断能力低下の不当利用	加齢又は心身の故障で判断力が著しく低下し、生計・健康等に関し現在の生活維持に過大な不安を抱いていることを知りながら、不安をあおり、裏付けとなる合理的根拠や正当理由がないのに、契約締結しなければ現在の生活維持が困難となる旨告げた場合
⑪霊感商法等	霊感その他合理的に実証困難な特別な能力による知見として、消費者に重大な不利益を与える事態が生ずる旨示して不安をあおり、契約締結により確実に重大不利益を回避できる旨告げた場合
⑫契約締結前の債務内容実施	契約申込み又は承諾の意思表示前に、契約を締結したら負う義務の内容の全部・一部を実施し、又は契約の目的物の現状を変更し、実施又は変更前の原状の回復を著しく困難にした場合
⑬契約締結前の損失補償請求	消費者の契約申込み又は承諾の意思表示前に、事業者が調査、情報提供、物品の調達その他契約締結を目指した事業活動を実施した場合、事業活動が消費者からの特別の求めに応じたものであったこと、その他取引上の社会通念に照らして正当理由がないのに事業活動が消費者のために特に実施したものである旨、及び事業活動の実施により生じた損失補償を請求する旨告げた場合
⑭過量契約	物品、権利、役務その他の契約目的となるものの分量、回数又は期間が当該消費者にとっての通常の分量等を著しく超えるものであることを知っていた場合

＊⑧〜⑬は平成30年改正新設（⑫の「契約の目的物の現状を変更」は令和4年改正で追加）
＊⑥、⑦は令和4年改正で追加された事項
＊取消権は、追認できる時から1年、また契約締結時から5年で時効消滅します。

【5】　消費者契約法により無効となる契約条項

契約が消費者契約法により無効とされる条項はどのようなものですか。

相談対応のポイント	◇消費者の利益を不当に害する条項は、消費者契約法により無効とされます。

1　消費者契約法により無効となる契約条項

　消費者契約法は、8条で事業者の損害賠償責任の免除条項等、8条の2で消費者の解除権を放棄させる条項等、8条の3で後見開始審判等による事業者の解除権条項、9条で消費者の損害賠償額の予定条項等につき、無効と規定したほか、10条で消費者の利益を一方的に害する条項を包括的に無効とする規定を定めています。具体的には以下のような条項が無効となります。

①債務不履行責任の全部免除条項	事業者の債務不履行により消費者に生じた損害賠償責任の全部免除し又は事業者に責任の有無を決定する権限を付与する条項
②債務不履行責任の一部免除条項	事業者の債務不履行（事業者、代表者又は使用する者の故意又は重過失によるものに限ります。）で消費者に生じた損害賠償責任の一部を免除し、又は事業者に責任の限度を決定する権限を付与する条項
③不法行為責任の全部免除条項	事業者の債務の履行に際しての不法行為により消費者に生じた損害を賠償する責任の全部を免除し、又は当該事業者にその責任の有無を決定する権限を付与する条項
④不法行為による責任の一部免除条項	事業者の債務の履行に際しての不法行為により消費者に生じた損害を賠償責任の一部を免除し、又は事業者にその責任の限度を決定する権限を付与する条項
⑤免責範囲が不明確な条項	事業者の債務不履行又は事業者の債務の履行に際しての事業者の不法行為により消費者に生じた損害を賠償する責任の一部を免除する契約条項で、事業者、その代表者又はその使用する者の重過失を除く過失による行為にのみ適用されることを明らかにしていないもの
⑥解除権放棄条項	事業者の債務不履行により生じた消費者の解除権を放棄させ、又は事業者に解除権の有無を決定する権限を付与する条項
⑦後見制度利用による契約解除	事業者に対し、消費者が後見開始、保佐開始又は補助開始の審判を受けたことのみを理由とする解除権を付与する消費者契約（消費者が事業者に対し物品、権利、役務その他の契約目的となるものを提

	供することとされているものを除きます。）の条項
⑧平均的損害額を超えるキャンセル料条項	消費者契約の解除に伴う損害賠償額の予定、又は違約金を定める条項で、その合算額が、条項において設定された解除の事由、時期等の区分に応じ、消費者契約と同種の消費者契約の解除に伴い事業者に生ずべき平均的損害額を超えるもの：超える部分
⑨年利14.6％を超える遅延損害金条項	消費者契約に基づき支払うべき金銭の全部又は一部を消費者が支払期日までに支払わない場合の損害賠償額の予定、又は違約金を定める条項で、合算額が、支払期日の翌日からその支払日までの期間につき、日数に応じ、支払期日に支払うべき額から既に支払われた額を控除した額に年14.6％を乗じた額を超えるもの：超える部分
⑩信義則に反して消費者の利益を一方的に害する条項	消費者の不作為で消費者が新たな消費者契約の申込み又は承諾の意思表示をしたものとみなす条項、その他の法令中の公の秩序に関しない規定（任意規定）の適用による場合に比して、消費者の権利を制限し又は消費者の義務を加重する消費者契約の条項で、民法1条2項の基本原則に反して消費者の利益を一方的に害するもの

＊①～④の責任の有無や限度を事業者が決定する条項、及び⑥の解除権の有無を事業者が決定する条項の追加、並びに⑦の新設は平成30年改正。

＊⑤は令和4年改正で新設。

2　無効となる条項の具体例

(1)　消費者契約法8条で無効となる条項の例

　事業者の損害賠償責任につき、「事業者は、いかなる理由があっても一切損害賠償責任を負わない」、また「事業者の債務不履行又は不法行為につき、事業者に故意又は重過失がある場合であっても、事業者の損害賠償責任は○○円を限度とする」といった条項が無効となる典型例です。

(2)　消費者契約法9条で無効となる条項の例

　消費者契約法9条が規定する「平均的な損害」とは、同一事業者が締結する多数の同種契約事案について類型的に考察した場合に算定される平均的な損害の額であり、解除事由、時期等により同一の区分に分類される複数の同種の契約解除に伴い事業者に生じる損害額の平均値を意味します。

(3)　消費者契約法10条で無効となる条項の例

　事業者の解除・解約の要件を緩和する条項（正当な理由なく、消費者の債務不履行の場合に事業者が相当期間を定めた催告なしに解除できるとする条項）、事業者の証明責任を軽減し又は消費者の証明責任を過重する条項（事業者の責めに帰すべき事由を消費者に証明させる条項）は無効となり得ます。

【6】　親事業者の下請事業者に対する禁止行為

親事業者の下請事業者に対する対応として禁止されるのはいかなる行為ですか。

相談対応の ポイント	◇親事業者は下請事業者に対し、下請代金の支払遅延等、下請法が禁止する11の事項を行うことが禁止されています。

1　下請法の目的と適用対象

（1）　下請法の目的

　下請代金支払遅延等防止法（以下「下請法」といいます。）は、下請代金の支払遅延等を防止することで、下請取引の公正化と下請事業者の利益保護を目的とした法律です（下請代金1）。下請法は独占禁止法の補完法として制定されました。

（2）　下請法の適用対象

　下請法は、適用対象となる下請取引の範囲を、①取引当事者の資本金の区分と、②取引内容（製造委託、修理委託、情報成果物作成委託、又は役務提供委託）の両面から定めており、この2つの条件を満たす取引に同法が適用されます。

【親事業者と下請事業者の範囲】

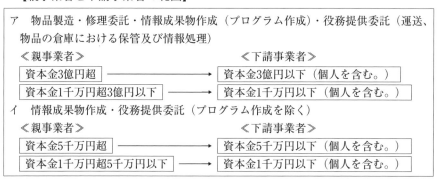

2　親事業者の義務

　下請法では、下請取引の公正化及び下請事業者の利益保護のため、親事業者に対して、4つの義務を課しています。

①　書面の交付義務（下請代金3）

②　支払期日を定める義務（下請代金2の2）

③　書類の作成・保存義務（下請代金5）

④　遅延利息の支払義務（下請代金4の2）

3　親事業者の禁止事項

　下請取引の公正化及び下請事業者の利益保護のため、親事業者は以下の11の行為が禁止されています。下請事業者の了解を得ていても、また親事業者に違法性の認識がなくとも、これらの規定に抵触する行為を行った場合は、本法律違反になります。

禁止事項	内　容
①受領拒否（下請代金4①一）	注文した物品等又は情報成果物の受領を拒むこと
②下請代金の支払遅延（下請代金4①二）	物品等又は情報成果物を受領した日（役務提供委託の場合は下請事業者が役務を提供した日）から起算して60日以内に定められた支払期日までに下請代金を支払わないこと
③下請代金の減額（下請代金4①三）	あらかじめ定めた下請代金を減額すること
④返品（下請代金4①四）	受け取った物を返品すること
⑤買いたたき（下請代金4①五）	類似品等の価格又は市価に比べて著しく低い下請代金を不当に定めること
⑥購入・利用強制（下請代金4①六）	親事業者が指定する物・役務を強制的に購入・利用させること
⑦報復措置（下請代金4①七）	下請事業者が親事業者の不公正な行為を公正取引委員会又は中小企業庁に知らせたことを理由としてその下請事業者に対し取引数量の削減・取引停止等の不利益な取扱いをすること
⑧有償支給原材料等の対価の早期決済（下請代金4②一）	有償で支給した原材料等の対価を当該原材料等を用いた給付に係る下請代金の支払期日より早い時期に相殺したり支払わせたりすること
⑨割引困難な手形の交付（下請代金4②二）	一般の金融機関で割引を受けることが困難と認められる手形を交付すること
⑩不当な経済上の利益提供要請（下請代金4②三）	下請事業者から金銭、労務の提供等をさせること
⑪不当な給付内容の変更及び不当なやり直し（下請代金4②四）	費用を負担せずに注文内容を変更し、又は受領後にやり直しをさせること

【7】　コンテンツ作成の委託に対する下請法の適用

　コンピュータ・ソフトウェア、映像・音楽などのコンテンツの作成を外部に委託する場合、下請法は適用されますか。

相談対応のポイント	◇コンテンツの作成を外部に委託する場合も、下請法の適用を受ける場合があります。

1　コンテンツ作成と下請法の適用対象

　コンテンツ作成を外部に委託する取引が「情報成果物作成委託」（下請代金2③）の対象となるか否かは、作成を委託する親事業者の資本金額と、作成を受託する下請事業者の資本金額の関係で判断されることになります。なお、①取引当事者の資本金の区分や、②取引内容の観点から、下請法の適用対象とならなかった場合も、取引上優越した地位にある事業者がコンテンツの作成を依頼するに当たり、優越的地位を濫用した行為（例えば、情報成果物を一方的に譲渡させる行為や、情報成果物の二次利用を制限する行為等）を行った場合は、独占禁止法による規制対象となることに注意が必要です。

【情報成果物の内容と具体例】

情報成果物	例
①プログラム（電子計算機に対する指令で、一の結果を得ることができるよう組み合わされたもの）	テレビゲームソフト、会計ソフト、家電製品の制御プログラム、顧客管理システム等
②映画、放送番組、その他影像又は音声その他の音響により構成されるもの	テレビ番組、テレビCM、ラジオ番組、映画、アニメーション等
③文字、図形、記号若しくはこれらの結合又はこれらと色彩との結合により構成されるもの	設計図、ポスターのデザイン、商品・容器のデザイン、コンサルティングレポート、雑誌広告等

＊プログラム作成とその他の作成とで、下請法の対象となる親事業者と下請事業者の資本金額に差異があります（【6】参照）。

2　親事業者の禁止行為

　コンテンツ作成が下請法の対象となる場合、親事業者は、下請事業者に対して、

以下のような行為を行うことが禁止されます。

(1)　受領拒否（下請代金4①一）

下請事業者に責任がないにもかかわらず、発注した情報成果物（映像作品等）の受領を拒否すること。

(2)　下請代金の支払遅延（下請代金4①二）

情報成果物を受領したにもかかわらず、60日以内の定められた支払期日までに下請代金を支払わないこと。

(3)　下請代金の減額（下請代金4①三）

下請事業者に責任がないにもかかわらず、発注時に合意した下請代金の減額をすること。

(4)　返品（下請代金4①四）

下請事業者に責任がないにもかかわらず、発注した情報成果物を、受領後に返品すること。

(5)　買いたたき（下請代金4①五）

情報成果物の制作の対価として、同種のコンテンツの一般的な対価に比べて、著しく低い額を一方的に定めること。

(6)　購入・利用強制（下請代金4①六）

正当な理由なく、親事業者が指定する物品（チケット）などを下請事業者に割り当てて購入させること。

(7)　不当な経済上の利益提供要請（下請代金4②三）

親事業者が、コンテンツの二次使用権を無償で譲渡させる等すること。

(8)　不当な給付内容の変更及び不当なやり直し（下請代金4②四）

親事業者の方針変更と称して、費用を負担することなく、発注済の情報成果物のデザインや内容を一方的に変更すること。

3　違反行為に対する罰則

公正取引委員会及び中小企業庁は、親事業者や下請事業者を調査し、立入検査を行います（下請代金9）。公正取引委員会は、違反親事業者に対して違反行為の是正の措置をとるべきことを勧告することができます（下請代金7）。また中小企業庁長官は、違反親事業者に対して、行政指導等を行うことができます（下請代金6）。違反行為をした親事業者とその代表者等は、50万円以下の罰金に処せられます（下請代金10〜12）。

【8】　独占禁止法にまつわる問題（優越的地位の濫用）

　金融機関に融資を申し込んだところ、金融商品の購入を勧められ、この商品を購入すれば融資を前向きに検討してもらえるとのことなのですが、このようなことは許されるのですか。

相談対応の ポイント	◇独占禁止法は優越的地位の濫用を禁止しています。 ◇取引にかかる商品以外の商品を購入させる行為は優越的地位の 　濫用に該当します。

1　優越的地位の濫用に関する独占禁止法の規制

（1）　独占禁止法の概要

　「私的独占の禁止及び公正取引の確保に関する法律」（独占禁止法）は、公正かつ自由な競争を促進し、事業者が自主的な判断で自由に活動できるようにするとの目的で制定されました(独禁1)。市場が機能していれば、事業者は相互に競争し、安くて優れた商品を提供しますので、消費者は必要性に応じて商品を選択することが可能となり、消費者の利益が確保されることになります。そこで独占禁止法は、私的独占、不当な取引制限（カルテル、入札談合等）、及び不公正な取引方法などの行為を規制しています。

（2）　優越的地位の濫用行為の禁止

　独占禁止法は、「不公正な取引方法」の一つとして、自己の取引上の地位が相手方に優越している一方当事者が、取引相手方に対し、優越的な地位を利用して、正常な商慣習に照らして不当に不利益を与えることを禁止しています（優越的地位の濫用（独禁2⑨五））。取引における条件は、基本的に、取引当事者間の自主的な判断に委ねられるのが原則です。しかし、優越的地位を濫用した行為は、取引の相手方の自由かつ自主的な判断による取引を阻害するとともに、取引の相手方はその競争者との関係において競争上不利となる一方で、行為者はその競争者との関係で競争上有利となるおそれがあります。このように、優越的地位の濫用行為は、公正な競争を阻害するおそれがあるため、不公正な取引方法の一つとして独占禁止法により規制されました。

2　優越的地位の濫用

　優越的地位の濫用に当たる場合とは、①優越的な地位を利用して、②正常な商慣習に照らして、③不当に不利益を与えることが要件となります。

　(1)　優越的地位とはどのような地位か

　取引の一方当事者が他方当事者に対し、取引上の地位が優越しているというためには、市場支配的な地位等の絶対的に優越した地位である必要はなく、取引の相手方との関係で相対的に優越した地位であれば足ります。

　(2)　「正常な商慣習に照らして不当に」とはどのような場合か

　この要件は、優越的地位の濫用の有無が、公正な競争秩序の維持・促進の観点から個別の事案ごとに判断されることを示すものです。「正常な商慣習」とは、公正な競争秩序の維持・促進の立場から是認されるものをいいます。

　(3)　優越的地位の濫用行為

　以下の行為類型が、優越的地位の濫用行為に当たります。

> ①継続して取引する相手方（新たに継続して取引しようとする相手方を含む。②も同様。）に対し、取引に係る商品又は役務以外の商品又は役務を購入させること。
> ②継続して取引する相手方に対し、自己のために金銭、役務その他の経済上の利益を提供させること。
> ③取引の相手方から取引に係る商品の受領を拒み、取引の相手方から商品を受領した後、当該商品を取引の相手方に引き取らせ、取引の相手方に対して取引対価の支払を遅らせ、その額を減じ、その他取引の相手方に不利益となるように取引条件を設定、変更し、又は取引を実施すること。

　ただし、優越的地位の濫用として問題となるのは、これらの行為類型に限られません。優越的地位の濫用として問題となる種々の行為を未然に防止するためには、取引対象となる商品又は役務の具体的内容や品質に係る評価の基準、納期、代金額、支払期日、支払方法等について、取引当事者間で明確にし、書面で確認するなどの対応を取ることが望ましいといえます。

　(4)　優越的地位の濫用行為に対する罰則

　公正取引委員会は、優越的地位の濫用行為をした者に、違反行為を除くために必要な措置を命じ（排除措置命令）、また課徴金を課します。被害者は、違反行為を行った企業に、損害賠償請求ができます（無過失損害賠償責任）。

【9】　製造物責任法にまつわる問題

会社は、どのような場合に製造物責任を負うのでしょうか。

相談対応の ポイント	◇製造物責任法は、製造物の欠陥が原因で、生命・身体・財産に損害を被った場合、被害者が製造業者に損害賠償請求できることを規定した法律です。

1　製造物責任の対象となる製造物

(1)　製造物責任法の概要

製造物責任法 (PL法) は、製造物の欠陥が原因で生命、身体又は財産に損害を被った場合に、被害者が製造業者等に対して損害賠償を求めることができることを規定した法律です。この法律は、不法行為責任 (民709) の特則であり、不法行為責任に基づく損害賠償請求の場合には、加害者の過失を立証しなければなりませんが、製造物責任については、製造物の欠陥を立証することが求められます。

(2)　製造物責任法の対象 (「製造物」)

製造物責任法は、製造物を「製造又は加工された動産」と定義しています (製造物2①)。「製造」とは、製品の設計、加工、検査、表示を含む一連の行為であり、「原材料に手を加えて新たな物品を作り出すこと」です。「加工」とは、「動産を材料としてこれに工作を加え、その本質は保持させつつ新しい属性を付加し、価値を加えることです。

このように、製造物責任法は、人為的な操作や処理が加えられ、引き渡された動産を対象としており、不動産、電気、ソフトウェア、未加工農林畜水産物などは対象となりません。ただし、ソフトウェアを組み込んだ製造物は、この法律の対象と解される場合があります。また中古品も「製造又は加工された動産」に該当する以上は「製造物」であり、本法律の対象となりますが、中古品として売買されたものは、以前の使用者の使用状況や改造、修理の状況が確認しにくいこと、中古品販売業者による点検、修理や整備などが介在することも多く、製造業者等の責任は、これらの事情も踏まえて判断されます。

(3)　「欠陥」の意義

製造物責任法上の「欠陥」とは、製造物に関する様々な事情を総合的に考慮して、「製造物が通常有すべき安全性を欠いていること」をいいます (製造物2②)。こ

のため、安全性に関わらない単なる品質上の不具合は、本法律の損害賠償責任の根拠となる「欠陥」に当たりません。欠陥の判断において検討される、製造物の「通常有すべき安全性」の内容や程度は、個々の製造物や事案によって異なり、製造物に係る諸事情を総合的に考慮して判断されます。この法律では、欠陥の判断に当たり、考慮事情として、「製造物の特性」、「通常予見される使用形態」及び「製造業者等が当該製造物を引き渡した時期」の3つを例示しています。

---

①「製造上の欠陥」：製造物の製造過程で粗悪な材料が混入したり、製造物の組立てに誤りがあったりしたなどの原因により、製造物が設計・仕様どおりに作られず安全性を欠く場合

②「設計上の欠陥」：製造物の設計段階で十分に安全性に配慮しなかったために、製造物が安全性に欠ける結果となった場合

③「指示・警告上の欠陥」：有用性ないし効用との関係で除去し得ない危険性が存在する製造物について、その危険性の発現による事故を消費者側で防止・回避するに適切な情報を製造者が与えなかった場合

（4）　「製造業者等」の意義

　製造物責任法は、製造物責任を負う対象者を、製造物を業として製造、加工又は輸入した者としています（製造物2③一）。また、自ら製造業者として製造物にその氏名等の表示をした者又は製造物にその製造業者と誤認させるような表示をした者（製造物2③二）や、実質的な製造業者と認めることができる表示をした者（製造物2③三）も対象者となります（「表示製造業者」）。

　したがって、販売業者は、原則として「製造業者」に該当しません。また製品の設置・修理に関する製品の不適切な取扱いによって欠陥が生じた場合は、製品を流通させた後の問題であるため、設置・修理業者は、製造物責任を負う対象にならないと考えられます。「業として」とは、同種の行為を反復継続して行うことであり、営利を目的として行われることは必要ではなく、また公益を目的とした行為もこれに当たると解されます。

【10】　製造物責任の内容と免責事由等

製造物責任法上の賠償責任の内容、免責事由、及び消滅時効につき教えてください。

相談対応の ポイント	◇製造物責任法により損害賠償請求できるのは、生命、身体、財産に損害をもたらした場合です。 ◇開発危険の抗弁、及び部品・原材料製造業者の抗弁により免責される場合があります。 ◇消滅時効は、原則として損害及び賠償義務者を知った時から3年です。

1　製造物責任の内容

（1）　製造物責任の要件

製造物責任法により損害賠償を請求することができるのは、製造物の欠陥によって、人の生命、身体に被害をもたらした場合や、欠陥のある製造物以外の財産に損害（拡大損害）が発生したときとなります（製造物3本文）。故意又は過失を責任要件とする不法行為責任（民709）の特則として、故意又は過失ではなく、「欠陥」を責任要件とする賠償責任を規定したものです。

製造物責任法の保護法益は、人の生命、身体、及び財産です。したがって、精神的損害のみの場合は、本法律の賠償請求権は発生しません。

被害が、製造物自体の損害にとどまった場合、例えば、自動車が発火し焼失したものの、この自動車以外には被害が生じなかった場合は、この法律の対象とはなりません（製造物3ただし書）。このような損害は、民法に基づく不法行為責任、契約不適合責任、債務不履行責任等の要件を満たす場合には、被害者はそれぞれの責任を製造業者等に追及することになります。

なお、製造業者等に対して、製造物の欠陥に起因する損害につき、賠償責任を追及するためには、製造物の欠陥によって損害が生じたといえること、すなわち欠陥と損害との間に相当因果関係が存在することが必要となります（民416の類推適用）。

（2）　立証責任

製造物責任法では、製造物の欠陥を原因とする損害賠償を請求する場合の証明

責任につき、同法3条本文により、損害賠償を請求する者が、上記の各要件を証明する責任を負います。

2　免　責

　製造業者等は、一定の事項を立証することによって、賠償責任が免責されることを規定しています（製造物4）。

> ①開発危険の抗弁：製造物を引き渡した時点における科学・技術知識の水準によっては、欠陥があることを認識することが不可能であったこと（製造物4一）
> ②部品・原材料製造業者の抗弁：部品・原材料の欠陥が、専ら当該部品・原材料を組み込んだ他の製造物の製造業者が行った設計に関する指示のみに起因し、欠陥の発生について過失がなかったこと（製造物4二）

　「開発危険の抗弁」は、このような場合まで損害賠償責任を負うことになると、研究・開発、技術開発が阻害され、消費者の実質的利益を損なうことになりかねないこと、「部品・原材料製造業者の抗弁」は、他の製造業者の指示に従った部品・原材料製造業者に、他の製造業者と同様の責任を負わせることは公平性を欠くことをその根拠としています。

3　時　効

　製造物責任法による損害賠償請求権は、原則、損害及び賠償義務者を知った時から3年間行使しないとき、又は製造業者等が当該製造物を引き渡した時から10年を経過したときは、時効によって消滅します（製造物5①）。ただし、人の生命又は身体を侵害した場合（製造物5②）は、損害及び賠償義務者を知った時から5年間行使しないときに時効消滅します。また、身体に蓄積した場合に人の健康を害することとなる物質による損害、又は一定の潜伏期間が経過した後に症状が現れる損害については、その損害が生じた時から起算するものとされています（製造物5③）。

　この法律では、長期（10年）の消滅時効の起算点を、「製造業者等が当該製造物を引き渡した時」としていますが、これは、製造物を流通させた時から10年という意味であり、消費者の手に渡った時ではありません。

【11】　商品に景品を付ける場合の規制

商品に景品を付ける場合、どのような規制がありますか。

相談対応の ポイント	◇景品を付ける場合、提供できる景品類の限度額が定められています。

1　景品表示法の概要

　過大景品や、実際より良く見せる表示により消費者が惑わされ、質の良くないものや割高なものを買わされることは、消費者にとって不利益になります。また、過大景品による競争が激化すると、事業者は商品・サービスによる競争に力を入れなくなり、消費者の不利益につながるおそれがあります。

　「不当景品類及び不当表示防止法」（景品表示法）は、商品や役務の取引に関連する不当な景品類及び表示による顧客の誘引を防止するため、一般消費者による自主的で合理的な選択を阻害するおそれのある行為を制限・禁止し、一般消費者の利益を保護することを目的とした法律です（景表1）。

2　景品表示法の規制・禁止の概要

（1）　景品類の意義

　景品表示法では、景品類の最高額、総額等を規制することで、一般消費者の利益を保護するとともに、過大景品による不健全な競争を防止しています（景表4）。景品表示法上の「景品類」とは、①顧客を誘引するための手段として、②事業者が自己の供給する商品・サービスの取引に付随して提供する、③物品、金銭その他の経済上の利益であり、景品類に該当する場合は、景品表示法に基づく景品規制が適用されます（景表2③）。

　景品表示法に基づく景品規制は、①一般懸賞、②共同懸賞、③総付景品があり、それぞれ提供できる景品類の限度額等が定められています。限度額を超える過大な景品類の提供を行った場合、消費者庁長官は、提供した事業者に対し、景品類の提供に関する事項を制限し、又は景品類の提供を禁止すること等を命じることができます（措置命令（景表7））。この措置命令に違反した事業者は、2年以下の懲役又は300万円以下の罰金に処せられます（景表36①）。

（2）　一般懸賞

　商品・サービスの利用者に対し、抽選券、くじ等の偶然性、特定行為の優劣等によって景品類を提供することを「懸賞」といい、次に述べる共同懸賞以外のものは、「一般懸賞」と呼ばれています。一般懸賞における景品類の限度額は以下のとおりです。

懸賞による 取引価格	景品類限度額	
	最高額	総　額
5,000円未満	取引価額の20倍	懸賞に係る売上予定総額の2%
5,000円以上	10万円	

（3）　共同懸賞

　商店街など複数の事業者が参加して行う懸賞は、「共同懸賞」として実施することができます。共同懸賞における景品類の限度額は以下のとおりです。

景品類限度額	
最高額	総　額
取引価額に関わらず30万円	懸賞に係る売上予定総額の3%

（4）　総付景品

　一般消費者に対し、「懸賞」によらずに提供される景品類は、「総付景品（そうづけけいひん）」等と呼ばれており、商品・サービスの利用者や来店者に対して漏れなく提供する金品等がこれに当たります。商品・サービスの購入の申込み順又は来店の先着順により提供される金品等もこれに該当します。総付景品における景品類の限度額は以下のとおりです。

取引総額	景品類の最高額
1,000円未満	200円
1,000円以上	取引価格の10分の2

【12】　商品の表示に関する規制

商品の表示に関しては、どのような規制がありますか。

相談対応のポイント	◇商品の表示に関しては、①優良誤認表示、②有利誤認表示、③その他の不当表示が禁止されています。

1　景品表示法による不当表示に関する規制

　景品表示法は、事業者に対し、自己の供給する商品又は役務の取引に関する不当表示を禁止しています（景表5）。故意に偽って表示する場合だけでなく、誤って表示してしまった場合も、不当表示に該当する場合は、景品表示法により規制されます。不当表示行為に対しては、措置命令（景表7）、及び課徴金納付命令（景表8）が規定されています。

不当表示	内　　容
優良誤認表示（景表5一）	商品又は役務の品質、規格その他の内容について、一般消費者に対し、①実際のものよりも著しく優良であると示し、又は②事実に相違して当該事業者と同種若しくは類似の商品若しくは役務を供給している他の事業者に係るものよりも著しく優良であると示す表示で、不当に顧客を誘引し、一般消費者による自主的かつ合理的な選択を阻害するおそれがあると認められるもの
有利誤認表示（景表5二）	商品又は役務の価格その他の取引条件について、実際のもの又は当該事業者と同種若しくは類似の商品若しくは役務を供給している他の事業者に係るものよりも取引の相手方に著しく有利であると一般消費者に誤認される表示で、不当に顧客を誘引し、一般消費者による自主的かつ合理的な選択を阻害するおそれがあると認められるもの
その他の不当表示（景表5三）	その他、商品又は役務の取引に関する事項について一般消費者に誤認されるおそれがある表示で、不当に顧客を誘引し、一般消費者による自主的かつ合理的な選択を阻害するおそれがあると認めて内閣総理大臣が指定するもの

2　不当表示の内容
（1）　優良誤認表示（景表5一）
　優良誤認表示とは、商品・サービスの品質を、実際よりも優れていると偽って

宣伝したり、競争業者が販売する商品・サービスよりも特に優れているわけではないのに、優れているかのように偽って宣伝する行為です。優良誤認表示の具体例としては以下のようなものがあります。

・中古自動車のメーターを巻き直し、走行距離を実際よりも短く表示する例
・外国産の牛肉を、国産有名ブランド牛の肉であるように表示する例
・天然ダイヤを使用した貴金属と表示したが人造ダイヤを使用していた例

(2)　有利誤認表示（景表5二）

　有利誤認表示とは、商品・サービスの取引条件について、実際よりも有利であると偽って宣伝したり、競争業者が販売する商品・サービスよりも特に安いわけでもないのに、著しく安いかのように偽って宣伝する行為です。有利誤認表示の例は以下のようなものです。

・基本料金を記載せず、「今だけ半額」と表示したが、基本料金を基準とすると半額とならない価格である例
・外貨定期預金につき、受取利息を手数料抜きで表示したが、実質的受取額は表示の30%以下になる例

(3)　その他の不当表示（景表5三）

　商品・サービスの取引に関し、一般消費者に誤認されるおそれがあると認められる表示の例としては以下のようなものがあります。

・無果汁の清涼飲料水等：容器又は包装に、原材料に果汁等が全く使用されていない旨が明瞭に記載されず、果実の名称を用いた商品名、果実の絵、写真又は図案が表示されたもの
・商品の原産国：国内で生産された商品につき、商品が国内で生産されたことを一般消費者が判別困難と認められるもの（外国の国名、地名、国旗、紋章等の表示。外国の事業者・デザイナーの氏名、名称、商標の表示など。）
・不動産：自己の供給する不動産の取引に顧客を誘引する手段として、①取引申出に係る不動産が存在せず実際には取引できない不動産の表示、②取引申出に係る不動産は存在するが、実際には取引対象となり得ない不動産の表示（売約済み物件）、又は実際には取引する意思がない不動産の表示（希望者に他の物件を勧めるなど当該物件の取引に応じない場合）

【13】　割賦販売法の規制

割賦販売法を順守した経営を行うために気を付けるべき点を教えてください。

相談対応の ポイント	◇割賦販売法は、行政規制のほか民事ルールについても規定があり、改正も頻繁に繰り返されていることに留意が必要です。

1　割賦販売法の目的等

割賦販売法は、①割賦販売等による取引の公正の確保、②購入者等が受ける損害の防止、③クレジットカード番号等の適切な管理等に必要な措置を講じることで、割賦販売等による取引の健全な発達を図るとともに、購入者等の利益を保護し、商品等の流通及び役務の提供を円滑にし、国民経済の発展に寄与することを目的として、昭和36年に制定された法律です（割賦1）。制定後も、消費者保護の観点から繰り返し改正がなされ、加盟店におけるクレジットカード番号等の漏えい事件や不正使用被害への対応のため平成28年改正、新しい技術・サービスに対応し、多様な決済手段を利用できる環境を整備するため令和2年改正がなされています。

2　割賦販売法の対象

割賦販売法の規制対象となる取引は、前払式取引と後払式取引（信用取引）とがあります。

（1）　前払式取引

前払式割賦販売	指定商品（ミシン等）を購入するため、月々一定の額を一定期間払い込み（一般的に毎月1万円の掛金で、完納回数は20～30回）、原則掛金の払込終了後、会員の申出により商品が引き渡される。
前払式特定取引 －友の会－	前払式特定取引のうち、商品の売買の取次ぎを行うもの。一般的に、会員が月ごとの掛金を12か月間積み立てると、1か月分のボーナスを上乗せして、13か月分の買物券を交付するシステム。
前払式特定取引 －冠婚葬祭互助会－	前払式特定取引のうち、結婚式・葬式に係る指定役務の提供又は取次ぎを行うもの。一般的に月々の掛け金は、1千～5千円、完納回数は60～120回、通常価格より何割か安い値段で利用できる。

・「前払式割賦販売」及び「前払式特定取引」は、経済産業大臣の許可を受けた者でなければ業として営むことはできません（年間の販売額が1千万円未満の場合は除きます。）。

（2）　後払式取引（信用取引）

割賦販売（指定商	消費者から、商品等の代金の支払を、2か月以上かつ3回以上の分

品、指定役務、指定権利）	割払いで受ける方法により指定商品、指定役務、指定権利を販売する取引。
ローン提携販売（指定商品、指定役務、指定権利）	消費者が、販売会社から購入する商品等の代金を金融機関から借り入れ、2か月以上かつ3回以上で分割返済することを条件に、販売会社が消費者の債務を保証し、指定商品、指定役務、指定権利を販売する取引。
信用購入あっせん（クレジット）（権利のみ指定あり）	消費者が、特定の販売会社（加盟店）で商品等を購入することを条件に、クレジット会社が当該商品の代金を消費者に代わって販売会社に立替払いし、後日、消費者が当該代金をクレジット会社に2か月を超えて支払う取引。

＊割賦販売及び信用購入あっせんは、①包括方式、②個別方式に分類されます。

＊ローン提携販売は、包括方式のみ。個別方式のローン提携販売は、個別信用購入あっせんに該当します。

3　包括・個別信用購入あっせんに対する規制

信用購入あっせんのうち、個別信用購入あっせん（オートローンやリフォームローンなど）では様々な民事ルールが定められていますので、これらの規制により契約解除等されないように留意が必要です。

	規　　制
包括信用購入あっせん	1　行政規制 ・取引条件の表示義務、広告規制 ・支払可能見込額調査、算定及びこれを超える与信禁止 ・個人情報の取扱い、業務委託の適確な遂行、苦情の適切・迅速な処理等 2　民事ルール ・契約解除等の制限、契約解除等に伴う損害賠償額の制限、抗弁権接続
個別信用購入あっせん	1　行政規制 ・取引条件の表示義務、広告規制 ・支払可能見込額調査及びこれを超える与信禁止 ・勧誘行為調査及び違法勧誘に係る与信禁止 ・書面交付義務 ・個人情報の取扱い、業務委託の適確な遂行、苦情の適切・迅速な処理等 2　民事ルール ・与信契約のクーリングオフ、過量販売に係る与信契約の申込み撤回等、不実告知等による与信契約申込み又は承諾の意思表示の取消し、契約解除等の制限、契約解除等に伴う損害賠償等の額の制限、抗弁権の接続

【14】　割賦販売法の改正と加盟店の義務の強化

　近時の割賦販売法の改正により、加盟店の義務が強化されたそうですが、これらの概要につき教えてください。

相談対応のポイント	◇割賦販売法は、平成28年には安全・安心なクレジットカード利用環境の実現、平成30年には新しい技術・サービスへの対応のため改正がなされています。

1　割賦販売法改正（平成28年12月公布・平成30年6月施行）の内容

　クレジットカードの発行を行う会社と、販売業者と契約を締結する会社が別会社となる形態の増加に伴いクレジットカードを取り扱う販売業者の（加盟店）管理が行き届かないケースが生じていることや、その結果、加盟店におけるクレジットカード番号等の漏えい事件や不正使用被害が増加していること等を踏まえ、安全・安心なクレジットカード利用環境を実現するために改正がなされました。具体的なポイントは以下の3点です。

　(1)　加盟店管理の強化

　加盟店に対しクレジットカード番号等を取り扱うことを認める契約を締結する事業者（アクワイアラー（加盟店契約会社）等）について、登録制度を創設するとともに、加盟店への調査等を義務付けました。

　(2)　加盟店におけるセキュリティ対策の義務化

　加盟店に対し、クレジットカード番号等の適切な管理やクレジットカード端末のIC対応化等による不正利用防止対策を義務付けました。

　(3)　フィンテックの更なる参入を見据えた環境整備

　アクワイアラーと同等の位置付けにある決済代行業者も、アクワイアラーと同一の登録を受けられる制度を導入しました。また加盟店のカード利用時の書面交付義務を緩和しました。

2　割賦販売法改正（令和2年6月公布・令和3年4月施行）の内容

　情報技術の進展を背景に、クレジットカード会社が利用者の支払実績等のデータに基づいて、各社の創意工夫で与信審査を行うとともに、少額かつ多頻度の決済への後払いサービス、異業種企業（SNS系企業、ECモール系企業等）の後払い

サービスへの参入、インターネットやスマートフォン端末による決済が拡大しています。他方、決済サービスやその提供主体の多様化により、クレジットカード番号等の情報漏えいリスクに対する懸念も高まっていることを踏まえ、新しい技術・サービスに対応し、利用者が安全・安心に多様な決済手段を利用できる環境を整備するため、改正がなされました。

(1)　「認定包括信用購入あっせん業者」の新設

事前・事後チェックによる過剰与信防止措置を前提に、従来の包括支払可能見込額調査に代わる与信審査手法によることを許容します。

(2)　「登録少額包括信用購入あっせん業者」の新設

極度額10万円以下の包括信用購入あっせん業を営む事業者の新たな登録制度により規制を合理化します。与信審査規制については、基本的に認定包括信用購入あっせん業者と同様です。

(3)　クレジットカード番号等の適切管理の義務主体の拡充

新たにクレジットカード番号等の保持主体として、決済代行業者等を適切管理義務の主体に追加します。

(4)　書面交付の電子化

利用者の事前の承諾を要することなく電子による利用明細等の提供を行うことや、スマートフォン・パソコン完結型サービスにおける完全電子化等を許容します。なお、スマートフォン・パソコン完結型サービスとは、①クレジットカード番号等の付与、②クレジットカード番号等の利用、③クレジットカード番号等利用分の請求（リボルビング方式に限ります。）の全てがカード券面等の物を用いることなく行われるサービスをいいます。

(5)　業務停止命令の導入

セキュリティ保護のための社内体制整備や措置が不十分な包括信用購入あっせん業者が存在した場合、速やかに業務を停止させた上で、措置の是正や早急の体制整備（体制整備の後、業務を再開させること）が必要として、業務停止命令を規定しました。

【15】　特定商取引法の規制

特定商取引法では、どのような取引につき、いかなる規制がなされていますか。

相談対応の ポイント	◇特定商取引法の特定商取引に該当する取引に関し意思表示の取消しやクーリング・オフ等、多数の規制が規定されています。

1　特定商取引法の概要

特定商取引法は、①特定商取引（訪問販売、通信販売及び電話勧誘販売に係る取引、連鎖販売取引、特定継続的役務提供に係る取引、業務提供誘引販売取引並びに訪問購入に係る取引）を公正にし、②購入者等が受けることのある損害の防止を図ることにより、（A）購入者等の利益を保護し、併せて（B）商品等の流通及び役務の提供を適正かつ円滑にし、国民経済の健全な発展に寄与することを目的とする法律です（特定商取引1）。

2　特定商取引法の規定内容

訪問販売や通信販売等、特定商取引法が定める7つの取引では、しばしば不公正な取引が行われ、またこれらの販売方法の特殊性のため、取引の相手方等が不当な損害を被ることがある実態に鑑み、これら特定商取引の公正化及び取引の相手方の損害防止のため、以下の諸規定が設けられています。

取引	内　　容	規　　制
訪問販売	事業者が消費者の自宅等に訪問して、商品や権利の販売又は役務の提供を行う契約をする取引。キャッチセールス、アポイントメントセールスを含む。	氏名等の明示、契約を締結しない旨意思表示した者に対する勧誘禁止、書面交付、不当行為禁止、申込撤回等（クーリング・オフ）、過量販売契約申込みの撤回等、意思表示の取消、損害賠償等の額の制限、不当行為等の差止請求権
通信販売	事業者が新聞、雑誌、インターネット等で広告し、郵便、電話等の通信手段により申込みを受ける取引。「電話勧誘販売」に該当するものを除く。	広告表示、誇大広告等禁止、承諾しない者への電子メール広告の提供禁止等、承諾していない者に対するファクシミリ広告の提供禁止等、特定申込みを受ける際の表示、承諾等の通知、不実告知の禁止、申込みの撤回等（返品特約）、意思表示の取消し、不当行為差止請求権
電話勧誘販売取引	事業者が電話で勧誘を行い、申込みを受ける取引。	氏名等明示、契約を締結しない旨意思表示した者に対する勧誘禁止、書面交付、承諾等の

	電話を一旦切った後、消費者が郵便や電話等によって申込みを行う場合も該当。	通知、不当行為禁止、申込みの撤回等（クーリング・オフ）、過量販売契約申込みの撤回等、意思表示の取消し、損害賠償等の額の制限、不当行為等の差止請求権
連鎖販売取引	個人を販売員として勧誘し、更にその個人に次の販売員を勧誘させ、販売組織を連鎖的に拡大して行う商品（権利）・役務の取引。	氏名等明示、不当行為禁止、広告表示、誇大広告等の禁止、承諾していない者に対する電子メール広告の提供禁止等、書面交付、契約解除等（クーリング・オフ、中途解約）、意思表示の取消し、不当行為等の差止請求権
特定継続的役務提供取引	長期・継続的な役務の提供と、これに対する高額の対価を約する取引。7つの役務（＊）が対象。	書面交付、誇大広告等禁止、不当行為禁止、書類の備付・閲覧等、契約解除等（クーリング・オフ、中途解約）、意思表示の取消し、不当行為等の差止請求権
業務提供誘引販売取引	「仕事を提供するので収入が得られる」との口実で消費者を誘引し、仕事に必要と称して、商品等を売って金銭負担を負わせる取引。	氏名等明示、不当行為の禁止、広告表示、誇大広告禁止、承諾しない者に対する電子メール広告の提供禁止等、書面交付、契約解除（クーリング・オフ）、意思表示の取消し、損害賠償等の額の制限、不当行為等の差止請求権
訪問購入取引	事業者が消費者の自宅等を訪問して、物品の購入を行う取引。	氏名等明示、勧誘要請していない者に対する勧誘禁止、勧誘を受ける意思の確認を経ない勧誘の禁止、契約締結しない旨の意思表示した者に対する勧誘禁止、書面交付、物品の引渡拒絶告知、不当行為の禁止、第三者への物品の引渡通知、申込みの撤回等（クーリング・オフ）、物品の引渡しの拒絶、損害賠償等の額の制限、不当行為等の差止請求

＊特定継続的役務提供取引の対象：エステティック、美容医療、語学教室、家庭教師、学習塾、パソコン教室、結婚相手紹介サービスの7つの役務。

3　罰　則

　特定商取引法は、その違反につき罰則の新設・拡充を行うことにより罰則の強化がなされてきています。懲役刑の他に、経済的制裁としての罰金刑を併科することのできる規定、一定の違反には、行為者本人の他、その行為者と一定の関係にある法人又は人に対しても罰金刑を科する旨の規定（両罰規定）も規定されています（特定商取引70〜76）。

【16】　特定商取引法の改正

　クーリング・オフの通知を電子メールで送信することが可能となると聞きました。特定商取引法の改正につき教えてください。

相談対応の ポイント	◇特定商取引法は、令和3年に改正がなされ、電子メールによるクーリング・オフが可能となりました。

1　特定商取引法の改正

　特定商取引法は、平成24年、平成28年、令和3年と改正が続いています。このうち、令和3年の改正では、以下の点が改正されました。

2　通信販売の詐欺的な定期購入商法対策（令和4年6月1日施行）

　通信販売において、契約の申込みを行う直前に、申込みの意思表示内容を最終的に確認できるよう表示がなされることは、トラブル防止の観点からもとりわけ重要です。そこで、販売業者等が定める様式等に基づき申込内容の確認及び申込みの意思表示が行われる場面で、消費者が必要な情報を一覧性をもって確認できるようにするとともに、不当表示が行われないよう規制する必要性が高いため「特定申込み」につき、令和3年改正で規制が新設されました（特定商取引12の6）。この「特定申込み」とは、①販売業者等が作成した所定の様式の書面に沿って消費者が注文内容を記入し、通信販売の契約申込みを行う場合（カタログやチラシで行う通信販売の申込み）、及び②インターネットを利用した通信販売（インターネット通販）において契約申込みを行う場合です。この特定申込みに係る書面又は手続が表示される映像面において、人を誤認させる表示をすることは禁止されます。

　特定申込みを行う最終段階において、必要な表示がされていない場合や不当な表示がなされている場合は、消費者の意思形成過程が歪められているため12条の6の規定に違反した表示によって消費者が誤認をし、契約申込みの意思表示をした場合は、当該意思表示を取り消せるものとしています（特定商取引15の6）。特定申込みの表示をせず、又は不実の表示をするなどした場合は、刑罰が科せられるほか（特定商取引70二・72①四）、主務大臣の指示や業務停止命令の対象となります（特定商取引14・15）。通信販売事業者が最終確認画面に表示しなければならない基本的な事項は以下のとおりです。

分　量	商品の数量、役務の提供回数（定期購入契約の場合は各回の分量も表示）
販売価格・対価	複数商品を購入する顧客に対しては支払総額も表示（定期購入契約の場合は2回目以降の代金も表示）
支払の時期・方法	定期購入契約の場合は各回の請求時期も表示
引渡・提供時期	定期購入契約の場合は次回分の発送時期等についても表示（顧客との解約手続の関係上）
申込みの撤回、解除に関すること	返品や解約の連絡方法・連絡先、返品や解約の条件等について、顧客が見つけやすい位置に表示
申込期間（期限のある場合）	季節商品のほか、販売期間を決めて期間限定販売を行う場合は、その申込期限を表示

3　送り付け商法対策（令和3年7月6日施行）

　従前、売買契約や注文に基づかず一方的に送付された商品に関して、消費者は、その商品の送付があった日から起算して14日が経過するまでは、その商品を処分することはできませんでした。しかし、令和3年の特定商取引法改正より、事業者は送付した商品につき、直ちに返還請求できなくなるため、注文や契約をしていないにもかかわらず、金銭を得ようとして一方的に送り付けられた商品については、消費者は直ちに処分することができるようになりました。また、このようにして送付されてきた商品は、売買契約に基づかず、一方的に送付されてきたものであり、売買契約は成立していない以上、代金を支払う必要はありません。なお、一方的に商品の送付を受けた者が、処分したことを理由に代金の支払を請求され、誤って代金支払義務が存在していると誤解して支払ってしまった場合は、その事業者に対して、誤って支払った金銭の返還を請求することが可能です。

4　消費者利益の擁護増進のための規定の整備

　消費者からのクーリング・オフが、電磁的記録（電子メールのほか、USBメモリ等の記録媒体や事業者が自社のウェブサイトに設けるクーリング・オフ専用フォーム等による通知）により行うことが可能となります。また、事業者の交付しなければならない契約書面等を、消費者の承諾を得て電磁的方法（電子メールの送付等）で行うことが可能となります。

【17】　フランチャイズ契約（加盟時の情報提供義務）

　ある会社とフランチャイズ契約を締結したのですが、フランチャイザーが加盟店契約の締結時に示した売上が全く上がりません。どのような対応をとればよいのでしょうか。

相談対応の ポイント	◇本部と加盟者との取引関係については独占禁止法が適用され、不十分な情報開示は欺瞞的顧客誘引に該当することになります。

1　フランチャイズ・システムと独占禁止法
(1)　フランチャイズ・システムの意義
　フランチャイザー（「本部」）とフランチャイジー（「加盟者」）によって構成される事業形態をフランチャイズ・システムといいます。フランチャイズ・システムは、本部が加盟者に対して、特定の商標・商号等を使用する権利を与えるとともに、加盟者の物品販売、サービス提供その他の事業・経営について、統一的な方法で統制、指導、援助を行い、これらの対価として加盟者が本部に金銭を支払う事業形態です。
(2)　フランチャイズ・システムの規律
　フランチャイズ・システムを用いる事業活動を直接規定する法律はありません。フランチャイズ・システムにおいては、本部と加盟者がフランチャイズ契約を締結し、この契約に基づいて、本部と各加盟者が一般企業における本店と支店のような外観を呈して事業を行っているものもありますが、加盟者は法律的には本部から独立した事業者であるため、本部と加盟者間の取引関係については独占禁止法が適用されます（公正取引委員会「フランチャイズ・システムに関する独占禁止法上の考え方について」平成14年4月24日）。

2　本部の加盟店募集における問題点
(1)　加盟店募集における情報開示と不公正な取引
　フランチャイズ・システムにおいては、加盟者は、本部の包括的な指導等を内容とするシステムに組み込まれているため、加盟希望者の加盟に当たっての判断

が適正に行われることがとりわけ重要であり、加盟者募集に際しては、本部の加盟希望者に対する十分な情報開示が必要となります。

① 　加盟後の商品等の供給条件に関する事項（仕入先の推奨制度等）
② 　加盟者に対する事業活動上の指導の内容、方法、回数、費用負担に関する事項
③ 　加盟に際して徴収する金銭の性質、金額、その返還の有無及び返還の条件
④ 　加盟後、本部の商標、商号等の使用、経営指導等の対価として加盟者が本部に定期的に支払う金銭（ロイヤルティ）の額、算定方法、徴収の時期、徴収の方法
⑤ 　本部と加盟者の間の決済方法の仕組み・条件、本部による加盟者への融資の利率等に関する事項
⑥ 　事業活動上の損失に対する補償の有無及びその内容並びに経営不振となった場合の本部による経営支援の有無及びその内容
⑦ 　契約の期間並びに契約の更新、解除及び中途解約の条件・手続に関する事項
⑧ 　加盟後、加盟者の店舗の周辺の地域に、同一又は類似した業種を営む店舗を本部が自ら営業すること又は他の加盟者に営業させることができるか否かに関する契約上の条項の有無及びその内容並びにかかる営業が実施される計画の有無・内容

　これらの重要な事項について、十分な開示を行わず、虚偽・誇大な開示を行い、実際のフランチャイズ・システムの内容よりも著しく優良又は有利であると誤認させ、顧客を自己と取引するように不当に誘引する場合には、不公正な取引方法（昭57公取委告15）の8項（ぎまん的顧客誘引：自己の供給する商品又は役務の内容又は取引条件その他これらの取引に関する事項について、実際のもの又は競争者に係るものよりも著しく優良又は有利であると顧客に誤認させることにより、競争者の顧客を自己と取引するように不当に誘引すること）に該当することになります。
　(2)　不公正な取引方法に該当した場合
　本部の加盟店募集における情報開示が不十分で、不公正な取引方法（ぎまん的顧客誘引）に該当する場合、本部は公正取引委員会による排除措置命令を受ける可能性があるほか、加盟者から民事上の賠償請求を受ける可能性があります。

【18】　フランチャイズ契約（フランチャイズ契約後の関係）

　フランチャイズ契約の締結後、フランチャイザーの拘束が厳しく経営が成り立ちません。このようなことは許されるのでしょうか。

相談対応の ポイント	◇本部が加盟者に不当に不利益を与える行為は優越的地位の濫用等に該当することになります。

1　フランチャイズ契約締結後の本部と加盟者の規律

　フランチャイズ契約においては、本部が加盟者に対し、商品、原材料、包装資材、使用設備、機械器具等の注文先や店舗の清掃、内外装工事等の依頼先について本部又は特定の第三者を指定したり、販売方法、営業時間、営業地域、販売価格などに関し各種の制限を課すことがあります。これらの条項は、本部が加盟者に供与・開示した営業秘密を守り、第三者に対する統一したイメージを確保することを目的とするものでもあり、フランチャイズ・システムによる営業を的確に実施する限度に留まる場合は、直ちに独占禁止法に抵触することにはなりません。もっともフランチャイズ契約、又は本部の加盟者に対する規制等が、フランチャイズ・システムによる営業を的確に実施する限度を超え、加盟者に正常な商慣習に照らして不当に不利益を与える場合には、①優越的地位の濫用（独禁2⑨五）、②不公正な取引方法（昭57公取委告15）の10項（抱き合わせ販売等）又は12項（拘束条件付取引）、③販売価格の制限（独禁2⑨四）に該当する可能性があります。

2　優越的地位の濫用に該当する事例

　本部は、加盟者に対して取引上優越した地位にあるところ、以下の例のように、本部が加盟者に対して、不当に加盟者に不利益となるように取引条件を設定・変更し、また取引を実施する場合は、フランチャイズ契約又は本部の行為が優越的地位の濫用に該当することになります。

取引先の制限	商品、原材料等の注文先について正当理由なく本部の指定する事業者とのみ取引させ良質廉価で商品又は役務を提供する他の事業者と取引させないようにする
仕入数量の強制	加盟者の販売する商品又は使用する原材料について、返品が認められないにもかかわらず、実際の販売に必要な範囲を超えて本部が仕入数量を指示し仕入れることを余儀なくさせる

見切り販売の制限	実際に売れた商品のみの仕入原価を売上原価と定義し、売上高から売上原価を控除することで算定したものを売上総利益と定義した上で、売上総利益がロイヤルティ算定の基準となる場合に、正当理由なく品質が急速に低下する商品等の見切り販売を制限し売れ残りとして廃棄を余儀なくさせる
営業時間の短縮に係る協議拒絶	契約期間中も合意すれば契約時に定めた営業時間の短縮が認められるとしているにもかかわらず、24時間営業等が損益の悪化を招いていることを理由に営業時間の短縮を希望する加盟者に対し、正当理由なく協議を拒絶し協議しないまま従前の営業時間を受け入れさせる
事前取決に反するドミナント出店	ドミナント出店を行わないとの事前の取決めがあるにもかかわらず、ドミナント出店が加盟者の損益の悪化を招く場合に、本部が取決めに反してドミナント出店を行う
フランチャイズ契約締結後の契約内容の変更	当初のフランチャイズ契約に規定されていない新規事業の導入により加盟者が得られる利益の範囲を超える費用を負担することとなるにもかかわらず、本部が新規事業を導入しなければ不利益な取扱いをすることを示唆し加盟者に新規事業の導入を余儀なくさせる
契約終了後の競業禁止	特定地域で成立している本部の商権維持、加盟者に供与したノウハウの保護に必要な範囲を超える地域、期間、内容の競業禁止

3　抱き合わせ販売・拘束条件付取引の該当性

　本部が、加盟者に対し、自己や自己の指定する事業者から商品、原材料等の供給を受けさせることは、行為者の地位、行為の範囲、相手方の数・規模、拘束の程度、拘束の相手方の事業者間の競争に及ぼす効果、指定先の事業者間の競争に及ぼす効果等によっては、不公正な取引方法（昭57公取委告15）の10項（抱き合わせ販売等）、又は12項（拘束条件付取引）に該当します。

4　再販売価格制限の該当性

　販売価格は、統一的営業・消費者の選択基準の明示の観点から希望価格の提示は許容されますが、加盟者が地域市場の実情に応じ販売価格を設定しなければならない場合や、売れ残り商品等を値下げ販売しなければならない場合もあることから、本部が加盟者に商品を供給している場合、加盟者の販売価格（再販売価格）を拘束することは、原則として再販売価格の拘束（独禁2⑨四）に該当します。

第1　募集・採用

【19】　募集時の個人情報収集

　弊社では、募集時に、出身地、本人の病歴、卒業大学と大学での成績、家族構成、家族の学歴や就業先、などを聞いています。本人の人となりを知る上で不可欠と判断しているのですが、問題はあるでしょうか。

相談対応のポイント	◇社会的差別の原因となる事項や、本人の思想・信条にかかわる事項、職務に関係ない病歴等、本人の適性や資質に関係のない事項を質問することはできません。

1　個人情報収集に関する労働法による規制

　労働者の求人に関する規律を定める職業安定法5条の5は、会社が労働者の個人情報を収集等するに当たっては、原則として、業務の目的の達成に必要のない情報を収集することはできないことを定めています。また、この規定を受けて定められた厚生労働省の指針（平11労告141）によると、①社会的差別の原因となるおそれのある事項、②思想及び信条、③労働組合への加入状況、に関する個人情報は、特別な職業上の必要性が存在することその他業務の目的の達成に必要不可欠であって、収集目的を示して本人から収集する場合を除き収集してはならない、とされています。

2　採用選考において配慮すべき事項

　以上の法律の規制は、労働者には基本的人権の一つとして法の下の平等（憲14）が保障されていることを前提として、全ての人に「公正な採用が行われること」が求められていることによるものです。公正な採用とは、雇用する側が、応募者の基本的人権を尊重し、応募者に広く門戸を開いた上で、適性・能力に基づいた基準による採用をすること、を意味しています。

　厚生労働省のパンフレット「公正な採用選考をめざして」（令和5年度版）には、下記①〜⑪の事項を会社が把握することや、⑫〜⑭を実施することは、就職差別につながるおそれがあるとされていますので、紹介します。

(1)　本人に責任のない事項の把握

①本籍、出生地に関すること、②家族に関すること（職業・続柄・健康・病歴・地位・学歴・収入・資産など）、③住宅状況に関すること（間取り・部屋数・住宅の種類・近隣の施設など）、④生活環境・家庭環境などに関すること。

(2)　本来自由であるべき事項（思想・信条に関わること）の把握

⑤宗教に関すること、⑥支持政党に関すること、⑦人生観・生活信条などに関すること、⑧尊敬する人物に関すること、⑨思想に関すること、⑩労働組合（加入状況や活動歴など）、学生運動などの社会運動に関すること、⑪購読新聞・雑誌・愛読書などに関すること。

(3)　採用選考の方法

⑫身元調査などの実施、⑬本人の適性・能力に関係ない事項を含んだ応募書類の使用、⑭合理的・客観的に必要性が認められない採用選考時の健康診断の実施。

3　健康診断の実施、病歴の確認

　上記⑭についてですが、業種や職種によっては、採用選考時に、職種への適性があるかどうかを判断するため、健康状態を確認する必要性がある場合もあります。例えば、運送業務の求人の際に、失神等の発作が生じることがないかを確認する等の場合です。ただ、健康診断や病歴の確認は、あくまでも、応募者の適性と能力を判断する上で合理的客観的に必要である場合に限り行うことができます。

4　具体例の検討

　これらの考え方からすると、まず、本人の卒業大学と大学での成績を質問することは、本人の職務への適性や資質の判断に必要であり問題ありません。他方、出身地や家族構成、家族の学歴や就業先を質問することは、本人に責任のない事項の把握につながり、許されないことになります。本人の病歴については、職務の適性を判断するために真に必要な場合に限って質問することができます。

第2　労務管理

【20】　従業員の私的電子メールの調査・監視

　従業員が、メールでどのようなやり取りをしているか、人事部でチェックして、不適切なメール、例えば就業時間中に私的なやり取りがあった場合は、そのメールを保存し、人事考課の参考にしています。このような業務対応に問題はありますか。また、メールを送信した従業員を呼び出して注意をすることは問題がありますか。

相談対応の ポイント	◇私的メールの調査・監視には、従業員のプライバシー権との調整の必要があります。 ◇社会通念上相当な範囲での監視のみ許されます。

1　従業員による電子メールの私的使用

　従業員は就労義務、職場秩序維持義務を負い、社内で電子メールを私的に送受信することは一定の制限を受けます。また、メールの内容が、他の従業員を中傷したり企業秘密を外部に漏えいしたりする内容である場合には、メールの送受信が企業秩序維持義務に違反する行為であるとして、懲戒処分の対象となることもあります。会社にとっては、従業員の使用する会社のパソコンやインターネット回線等は会社の所有物であることから、従業員が私的に電子メールの送信等を行うことは、会社の施設管理権を侵害する行為であるということもできます。

　そのため、従業員が私的に電子メールを送受信している場合には、会社が懲戒処分の必要性等のため、電子メールの内容を調査する必要が生じるといえます。しかし、従業員にはプライバシー権があることから、会社が電子メールの調査を行うことは、従業員のプライバシー権との関係で限界がないのかが問題となります。

2　参考となる裁判例

（1）　F社Z事業部事件（東京地判平13・12・3労判826・76）

　この裁判例は、従業員の私用メールを上司が無断で閲読したことを理由として会社に損害賠償請求をした事案です。

判決は、従業員が社内ネットワークシステムを用いて電子メールを私的に利用する場合は、①職務上従業員の電子メールの私的使用を監視するような責任ある立場にない者が監視した場合、②監視する職務上の合理性必要性が全くないのに専ら個人的な好奇心等から監視した場合、③社内の管理部署その他の社内の第三者に対して監視の事実を秘匿したまま個人の恣意に基づく手段方法により監視した場合等、監視の目的、手段及びその態様等を総合考慮し、監視される側に生じた不利益とを比較考量の上、社会通念上相当な範囲を逸脱した監視がなされた場合に限り、プライバシー権の侵害となる、としました。

(2)　日経クイック情報事件（東京地判平14・2・26労判825・50）

この裁判例は、他の従業員を誹謗中傷する内容の電子メールの送信者の調査を会社が行ったことについて従業員が会社に対して慰謝料請求をした事案です。判決は、懲戒処分を行うための事実関係の調査は、調査の必要性を欠いたり、調査の態様が社会的に許容し得る限界を超えていると認められる場合には労働者の精神的自由を侵害した不法行為となり得ると判断しました。

3　設例の検討

従業員が電子メールで私的なやり取りをしている場合であっても、従業員には一定のプライバシー権は保障されることから、会社は、社会通念上相当な範囲でのみ調査・監視をなし得るといえます。就業時間内でのメール利用が多数回に及び、従業員に対する懲戒処分該当性が認められる可能性があるのであれば、権限のある者が行う調査が認められますし、結果として、懲戒処分や厳重注意、指導を行うこともできるでしょう。ただ、就業時間内に送受信したメールの件数のみで判断すれば足り、人事考課の材料とするとしても、メールの内容まで監視する必要性がないという場合であれば、内容監視の必要性はなく、認められないこともあると考えらえます。

【21】　就業時間の管理

　飲食店を経営しているのですが、従業員は、9時の始業からランチの仕込みを行い、昼休憩中も予約の電話対応をしたり、食材の買い出しに行き、ディナーの仕込みをしています。また、従業員は、ディナー後、皿を洗って帰るので、店を出るのは11時頃になります。このような従業員の仕事の仕方に問題はありますか。なおタイムカードがなく、従業員が何時から何時まで仕事をしているのか正確に知りません。

相談対応のポイント	◇使用者の指揮命令下にある時間は、労働時間となり、法定時間を超えた場合には使用者は残業代を支払う義務があります。 ◇使用者は、タイムカード等により、労働時間を適正に把握しなければなりません。

1　労働時間に関する諸ルール

（1）　労働時間に関する法規制

　使用者は、労働者に、1日8時間、1週40時間を超えて労働させることはできません（労基32）。この時間を超えて労働させる場合には、いわゆる三六協定（労基36）を締結することが必要です。また、法定労働時間を超えて労働させた場合には、使用者は割増賃金を支払う義務を負います（労基37）。

（2）　労働時間とは

　割増賃金の算定に当たっては、労働時間とは何か、が問題になります。労働時間とは、休憩時間を除いた実労働時間のことをいいます。すなわち、「使用者の指揮命令下に置かれている時間のことをいい、使用者の明示又は黙示の指示により労働者が業務に従事する時間は労働時間に当たる」とされます（三菱重工長崎造船所事件＝最判平12・3・9労判778・11参照）。

（3）　実労働時間が問題となる場合の例

　労働時間の終了時点について、終業時刻以降に作業上必要な後始末（点検、清掃、整理整頓、引継）を行う場合には、業務従事の最終部分として、労働時間に当たるとされます。また、所定就業時間の中で休憩時間とされている時間も、実質的にみれば就業している場合には、その時間も実労働時間となります。

(4)　休憩時間自由利用の原則

　休憩時間は、1日の労働時間が8時間を超える場合には1時間以上を付与しなければなりません（労基34①②）。そして、休憩時間は労働者の自由に利用されるべきとされ（労基34③）、休憩時間中の労働者の行動に制約を加えることは禁止されています。

(5)　労働時間管理の責務

　厚生労働省は、平成29年1月20日、「労働時間の適正な把握のために使用者が講ずべき措置に関するガイドライン」を策定し、全ての使用者に対して、労働時間を適正に把握すべき責務があることを明らかにしました。使用者は、労働者の労働日ごとの始業・終業時刻を確認し、適正に記録することが必要です。原則的な方法としては、①使用者が自ら現認する、タイムカード、ICカード、パソコンの使用時間の記録等の客観的な記録を基礎として確認し、適正に記録すること、②やむを得ず自己申告制で労働時間を把握する場合は、労働者や時間を管理する者に対して自己申告制の適正な運用に対して十分に説明し、自己申告により把握した時間と客観的な時間に著しい乖離がある場合には実態調査をすることなどが求められています。

2　設例の検討

　従業員は昼の休憩時間を自由に利用できるのが原則であり、この時間も予約の電話対応をするなど業務に従事しているという場合には、実質的には当該時間も就業しているといえ、休憩時間は実労働時間として算定されることになります。皿洗い等の後片付けにかかる時間も実労働時間とされ、これら総労働時間が法定労働時間を超える場合には使用者は割増賃金を支払わなければなりません。また、使用者は労働者の就業時間を適正に把握する義務があり、タイムカードを設置するなどして、客観的な記録を基礎として把握する必要があります。

【22】　配転・出向・転籍

　弊社の従業員に転勤を命じたいのですが、親の介護を理由に従わない場合、会社は転勤を命じることはできますか。出向や転籍の場合はどうでしょうか。

相談対応の ポイント	◇配転、出向を使用者が命じる場合に、労働者の介護の必要性に配慮せずに行う場合は、権利濫用に当たり無効となる可能性があります。

1　配転命令の根拠と限界

(1)　配転の意義

　配置転換（労働契約における職務内容の変更）と転勤（勤務地の変更）を併せて労働法上は、配転といいます。配転命令は使用者と労働者との労働契約上の合意に基づくものであり、労働者は合意の範囲内で命令に従う義務があることが配転命令の根拠とされます（契約説）。

(2)　配転命令の限界

　労働契約が、職種や勤務地を限定したものではなく、使用者が配転命令権を持つ場合であっても、その行使が権利濫用法理により無効になる場合があります。判例は、「業務上の必要性が存しない場合又は業務上の必要性が存する場合であっても、他の不当な動機・目的をもってなされたものであるとき若しくは労働者に対し通常甘受すべき程度を著しく超える不利益を負わせるものであるとき」には権利濫用になるとしています（東亜ペイント事件＝最判昭61・7・14労判477・6）。

　さらに、平成13年に改正された育児介護休業法では、労働者の就業場所の変更を伴う配置の変更を行う場合には子の養育又は家族の介護状況に関する使用者の配慮義務が定められました（育児介護26）。

　このことからすると、子の養育や家族の介護を行う労働者の転勤については、「転勤に伴い通常甘受すべき程度の不利益」の判断についてより丁寧な配慮をすることが求められるといえます。

2　出向の根拠と限界

(1)　出向の意義と根拠

　出向とは、労働者が自己の雇用先の企業に在籍のまま、他の企業の従業員とな

って相当長期間にわたり当該他企業の業務に従事することをいいます（在籍出向）。根拠としては、就業規則の規定等による労働者の事前の包括的同意に加えて、出向規定その他において、労働者の不利益を小さくするような配慮をすることが必要であるとされています（新日本製鐵（日鐵運輸）事件＝最判平15・4・18判時1826・158）。

(2)　出向命令の限界

労働契約法14条は、出向命令権の限界として、その「必要性、対象労働者の選定に係る事情その他の事情に照らして」権利濫用と認められる場合は無効であるとしました。労働者の生活関係等において著しい不利益を受けるかどうかも、権利濫用の判断要素の一つになると考えられます。

3　転籍の根拠と限界

(1)　転籍の意義

転籍とは、労働者が自己の雇用先の企業から他の企業へ籍を移して当該他企業の業務に従事することをいいます。

(2)　転籍の要件

転籍は、旧労働契約を解除して新契約を締結する場合と、労働契約上の使用者の地位が移籍元から移籍先に譲渡される場合とに類型化できます。いずれの場合も、労働者の個別の同意が必要です。

4　設例の検討

配転の場合は、育児介護休業法の趣旨からしても、労働者の介護の必要性に配慮しない配転は権利濫用となる可能性があります。出向の場合も同様です。転籍の場合は労働者の個別の同意が必要であり、一方的な命令はそもそもできないので、かかる問題は生じません。

第3　懲戒処分・解雇

【23】　試用期間満了による本採用拒否

　弊社で採用した新入社員が、全く期待どおりの働きをしないので、3か月間の試用期間満了時に本採用を拒否したいと考えています。試用期間満了時に本採用を拒否することは可能でしょうか。

相談対応の ポイント	◇試用期間満了時の本採用の拒否は、解雇に当たり、解雇権濫用規制が及ぶため、客観的・合理的な理由と社会通念上の相当性が必要です。 ◇勤務態度等の採用拒否事由、会社による注意・指導等の改善努力の有無等を確認します。

1　試用期間満了時の本採用拒否の判断枠組み

　試用期間中の労働関係については、試用期間中も労働契約は成立しているが、一定の場合に使用者に労働契約を解約する権利が留保されている（以下単に「留保解約権」といいます。）との考え方が通説判例です（三菱樹脂事件＝最大判昭48・12・12民集27・11・1536）。そのため、試用期間満了時の本採用拒否は、解雇権の行使そのものですので、解雇権濫用法理（労契16）の判断枠組みが適用され、「解約権留保の趣旨、目的に照らして、客観的に合理的な理由が存し社会通念上相当として是認されうる場合にのみ」有効とされます。もっとも、試用期間満了時の本採用拒否は、通常の解雇の場合よりも「広い範囲における解雇の自由が認められて」います（三菱樹脂事件）。

2　採用拒否事由

　本採用拒否に当たって確認すべき事項は、以下のとおりです。これらの程度や回数、会社側の改善指導の有無などによって、客観的合理的な理由の有無や社会通念上の相当性が判断されることになります。なお、本採用拒否事由の検討に当たり留意すべき点としては、採用決定「当初知ることができず、また知ることが期待できないような事実」であることです。

(1)　能力不足、協調性欠如

会社は一定程度の職務遂行能力があることを見越して人を採用し、対価としての賃金を支払いますから、採用時に期待していたほどの働きができないということであれば採用した目的が達せられませんので、能力不足は、本採用を拒否する理由となります。また、協調性がなく、他の従業員とトラブルを起こすような場合も、職場全体にとって悪影響を及ぼす可能性がありますから、本採用を拒否する理由となります。

ただし、これらの事由は、本採用拒否の基準が客観的に分かりにくいため、それを裁判で証明するのは難しく、裁判で本採用拒否が無効とされてしまうリスクが高いといえます。そこで、能力不足については、採用の際に採用後の職務内容や求められる職務遂行能力を明示していたか、試用期間中に従事していた業務の内容や結果、会社からの注意・指導等の改善の努力の有無等を確認する必要があります。協調性欠如については、協調性の欠如といえる具体的なエピソード、会社からの注意・指導の有無、改善の有無等を確認する必要があります。

(2)　遅刻、早退、欠勤

遅刻、早退、欠勤は、これらがなされた分、会社が求めた労務提供が果たされなかったといえますから、本採用を拒否する理由となります。

遅刻、早退、欠勤を本採用拒否の理由とする場合は、遅刻、早退、欠勤の理由、回数・頻度、会社による注意・指導の有無、改善の有無等を確認する必要があります。遅刻、早退、欠勤の理由が病気等のやむを得ない場合であっても、その頻度、回数が多ければ、体調管理能力が低いといえ、本採用拒否が有効となる可能性があります。

3　設例の検討

「期待どおりの働きをしない」の具体的な内容を確認し、それが上記採用拒否事由のいずれに該当するかを確定し、その上で、当該採用拒否事由に関する上記各確認事項を総合考慮し、本採用拒否が客観的に合理的な理由があり、社会通念上相当といえるかを判断することになります。

【24】 経歴詐称

弊社の従業員で、過去の不動産業界での経験を見込んで雇用した者が、全くの未経験であったことが分かりました。経歴詐称を理由として解雇することはできるのでしょうか。また、この者が過去に刑事処分を受けたことがあるという事実がインターネットの情報で分かった場合はどうでしょうか。

相談対応のポイント	◇経歴詐称を理由とする懲戒解雇は、重要な経歴詐称といえる場合に限られます。 ◇重要な経歴詐称は、その経歴詐称が事前に発覚すれば、会社がその労働者と契約を締結しなかったか、少なくとも同一条件で契約を締結しなかったと認められ、かつ、客観的にもそのように認めるのを相当とするものをいいます。

1 経歴詐称とは

経歴詐称とは、履歴書や採用面接に際して、学歴、職歴、犯罪歴等の経歴を偽るか、あるいは真実の経歴を秘匿することをいいます。信頼関係を基礎とする雇用契約関係においては、労働者は、雇用契約の締結に当たり、使用者に対し採否ないし採用後の労働条件を決定する事項のみならず、企業秩序維持に関する事項についても真実を告知すべき信義則上の義務を負っており、経歴詐称は、その義務に反し、企業秩序を侵害するものとして懲戒解雇事由となります。

2 経歴詐称を理由とする懲戒解雇

経歴詐称であれば、直ちに懲戒解雇が有効となるわけではなく、重要な経歴詐称であることが必要です。重要な経歴詐称とは、一般的に、その経歴詐称が事前に発覚すれば、会社がその労働者と契約を締結しなかったか、少なくとも同一条件で契約を締結しなかったと認められ、かつ、客観的にもそのように認めるのを相当とするものをいうとされています（神戸製鋼所事件＝大阪高判昭37・5・14労民13・3・618）。

(1) 職歴の詐称

職歴は、採用に当たり決定的な動機となることが多く、採用後の業務内容や賃金等の労働条件の設定にも大きく影響しますから、職歴の詐称は、重大な経歴詐

称として懲戒解雇事由に該当するといえます。もっとも、採用に当たって職歴を不問としていた場合には、職歴について真実を告知する義務はありませんので、この場合の職歴の詐称は、懲戒解雇事由とはなりません。

(2)　犯罪歴の秘匿

犯罪歴は、労働者の人間的な資質に関わるものですので、一般的に、会社が労働者の真実の犯罪歴を知っていたのであれば、少なくとも同一条件で雇用契約を締結しなかったと考えられ、客観的にもそのように認めるのが相当といえますから、重大な経歴詐称として懲戒解雇事由に該当するといえます。

裁判例は、履歴書の賞罰欄の「罰」とは、確定した有罪判決を指し、公判が係属中の事件は含まないとし（炭研精工事件＝東京高判平3・2・20労判592・77）、また、既に刑が消滅した前科は、その存在が、労働力の評価に重大な影響を及ぼす特段の事情がない限り、告知すべき信義則上の義務はないとしています（マルヤタクシー事件＝仙台地判昭60・9・19労判459・40）。

3　設例の検討

過去の不動産業界での経験を見込んで雇用したということは、それを前提に採用後の業務内容や賃金等の労働条件が設定されたといえますので、当該職歴の詐称が事前に発覚していれば、少なくとも同一条件で契約を締結しなかったと認められ、客観的にもそのように認めるのが相当といえますので、重大な経歴詐称として懲戒解雇事由に該当するものと考えられます。

また、過去に刑事処分を受けたという事実は、確定した有罪判決に当たりますから、当該労働者が採用面接時に会社から犯罪歴の申告を求められた際に「ない」と回答していたとすれば、告知すべき信義則上の義務に反し、重要な経歴詐称として懲戒解雇事由に該当するものと考えられます。一方、当該前科が既に刑が消滅した前科であれば、労働力の評価に重大な影響を及ぼす特段の事情がない限りは、告知すべき信義則上の義務はないため、重大な経歴詐称とはいえず、懲戒解雇事由には該当しないものと考えられます。

【25】　私生活上の非違行為と解雇

　弊社の従業員が、通勤途中に痴漢をして逮捕されてしまいました。会社として
は即時に解雇したいのですが可能でしょうか。示談によって不起訴になったよう
ですが、他の従業員も知ることになり、会社に置いておくことはできないと考え
ています。

相談対応の ポイント	◇通勤途中の痴漢は、会社の業務とは関係のない非違行為ですの 　で、これが懲戒処分の対象となり得るかをまず検討する必要が 　あります。 ◇次に痴漢が会社に与える影響を判例の示す判断要素及び判断基 　準に従って懲戒解雇又は諭旨解雇の懲戒事由に該当するかを検 　討する必要があります。

1　私生活上の非違行為の懲戒処分の可否

　従業員の私生活上の非行・違法行為（以下「私生活上の非違行為」といいます。）
は、本来、会社とは無関係であり、会社の懲戒権は及ばないのが原則です。しか
し、従業員の私生活上の非違行為であっても、企業秩序に直接関連するもの及び
企業の社会的評価を毀損するおそれがあるものについては、懲戒処分の対象にな
ります（国鉄中国支社事件＝最判昭49・2・28労判196・24）。したがって、従業員が私生活
上の非違行為をした場合、それが企業秩序に直接関連するものか、会社の社会的
評価を毀損するおそれがあるものかを検討し、懲戒処分の対象となり得るかを判
断する必要があります。

2　日本鋼管事件の判断基準

　従業員の行った私生活上の非違行為について、懲戒解雇・諭旨解雇の懲戒事由
該当性が争われた事件として、日本鋼管事件（最判昭49・3・15民集28・2・265）があり
ます。同事件は、従業員がいわゆる砂川事件に加担して逮捕・起訴されたところ、
この行為が会社の労働協約及び就業規則所定の懲戒解雇又は諭旨解雇事由である
「不名誉な行為をして会社の体面を著しく汚した」に該当するかが争われた事件
です。最高裁判所は、「不名誉な行為をして会社の体面を著しく汚した」という
ためには、「必ずしも具体的な業務阻害の結果や取引上の不利益の発生を必要とす

るものではない」が、「当該行為の性質・情状のほか、会社の事業の種類・態様・規模、会社の経済界に占める地位、経営方針及びその従業員の会社における地位・職種等諸般の事情から総合的に判断して、右行為により会社の社会的評価に及ぼす悪影響が相当重大であると客観的に評価される場合でなければならない」との判断基準を示しました。

　日本鋼管事件は、上記のとおり懲戒解雇・諭旨解雇の懲戒事由該当性が争われた事件ですが、懲戒処分の種類を選択するに当たっても、同事件が示した上記判断要素に従って会社に与える影響等を検討することが有益です。

3　設例の検討

　通勤途中の痴漢は、私生活上の非違行為に当たるので解雇を検討するに当たっては、リーディングケースである上記日本鋼管事件の示した判断基準に従って懲戒事由該当性を検討する必要があります。

　痴漢は、これにより会社の業務阻害や取引上の不利益が生じたりすることはまれですが、女性の人格を無視した卑劣な犯罪行為ですから、新聞報道等されれば、会社の社会的評価に一定の悪影響があるといえ、懲戒処分の対象になるといえます。

　当該行為の性質については、その態様（下着の中まで手を入れたか、服の上から触ったか）、科された刑罰の種類・内容等によってその評価は異なります。情状については、初犯（前科前歴だけでなく懲戒処分歴も含みます。）か否か、被害者との示談の有無等によってその評価は異なります。会社の事業の種類、態様・規模等その他の要素については、例えば、会社が痴漢の撲滅に向けて積極的な取組みをしている等の事情がある場合は、そうでない会社に比べ、会社の社会的評価に与える悪影響も大きいものといえます。

　以上のような諸要素を勘案して、懲戒処分の可否及び適切な懲戒処分の内容を選択する必要があります。なお、痴漢を理由とする諭旨解雇を無効と判断した裁判例として東京メトロ事件（東京地判平27・12・25労判1133・5）、痴漢による懲戒解雇を有効と判断した裁判例として小田急電鉄事件（東京高判平15・12・11労判867・5）があります。

第4　ハラスメント

【26】　パワーハラスメント

　どのような行為がパワーハラスメントに該当しますか。業務上のミスを叱責することも該当するのでしょうか。

相談対応の ポイント	◇必要以上に長時間にわたる厳しい叱責を繰り返し行うことや他の労働者の面前における大声での威圧的な叱責を繰り返し行うことは、パワーハラスメントに該当する可能性があります。

1　パワーハラスメントとは

(1)　定　義

　パワーハラスメント（以下「パワハラ」といいます。）は、職場において行われる①優越的な関係を背景とした言動であって、②業務上必要かつ相当な範囲を超えたものにより、③労働者の就業環境が害されるものをいいます（労働施策推進30の2①、令2厚労告5）。なお、客観的にみて、業務上必要かつ相当な範囲で行われる適正な業務指示や指導については、パワハラには該当しないとされています。

(2)　各要素

ア　「優越的な関係を背景とした」言動（①）

　「優越的な関係を背景とした」言動とは、業務を遂行するに当たって、当該言動を受ける労働者が当該言動の行為者とされる者に対して抵抗又は拒絶することができない蓋然性が高い関係を背景として行われるものをいいます。

イ　「業務上必要かつ相当な範囲を超えたもの」（②）

　「業務上必要かつ相当な範囲を超えたもの」とは、社会通念に照らし、当該言動が明らかに当該事業主の業務上の必要性がない、又はその態様が相当でないものをいいます。この判断に当たっては、当該言動の目的、当該言動を受けた労働者の問題行動の有無や内容・程度を含む当該言動が行われた経緯や状況、業種・業態、業務の内容・性質、当該言動の態様・頻度・継続性、労働者の属性や心身の状況、行為者との関係性等を総合的に考慮する必要があります。また、その際には、個別の事案における労働者の行動が問題となる場合は、その内容・程度と

それに対する指導の態様等の相対的な関係性が重要な要素となることについても留意する必要があります。

　　ウ　「労働者の就業環境が害される」（③）

　「労働者の就業環境が害される」とは、当該言動により労働者が身体的又は精神的に苦痛を与えられ、労働者の就業環境が不快なものとなったため、能力の発揮に重大な悪影響が生じる等当該労働者が就業する上で看過できない程度の支障が生じることをいいます。この判断に当たっては、平均的な労働者の感じ方を基準として判断されます。

2　パワハラの6類型

　厚生労働省は、次の6類型を典型例として整理しています（令2厚労告5）。なお、これらは職場のパワハラに当たり得る行為の全てを網羅するものではないことには、留意する必要があります。

① 　身体的な攻撃（暴行・傷害）

② 　精神的な攻撃（脅迫・名誉毀損・侮辱・ひどい暴言）

③ 　人間関係からの切り離し（隔離・仲間外し・無視）

④ 　過大な要求（業務上明らかに不要なことや遂行不可能なことの強制、仕事の妨害）

⑤ 　過小な要求（業務上の合理性なく、能力や経験とかけ離れた程度の低い仕事を命じることや仕事を与えないこと）

⑥ 　個の侵害（私的なことに過度に立ち入ること）

3　設例の検討

　上司が部下の業務上のミスを叱責する場合、業務上の必要性は認められるものの、例えば、必要以上に長時間にわたる厳しい叱責を繰り返し行うことや他の労働者の面前における大声での威圧的な叱責を繰り返し行うことは、指導として相当な範囲を超えるものとして、パワハラに該当する可能性があります。

【27】　個人情報の利用管理

個人情報の取扱いについて、気を付けるべき点があれば教えてください。

相談対応の ポ イ ン ト	◇個人情報保護法の規制を、その適用場面に留意しながら説明します。 ◇個人情報保護法の規制違反に対するペナルティについて説明します。

1　個人情報保護法の適用場面

（1）　個人情報保護法の規制対象となる個人情報

個人情報保護法上の規制対象となる個人情報は、個人識別情報（個人情報2①一）、又は「個人識別符号が含まれるもの」（個人情報2①二）です。そのため、例えば個人情報を含まないプライバシー情報などは、個人情報保護法の規制の対象外となります。もっとも、法的規制を受けないとはいえ、プライバシー情報などは、みだりに他人に知られたくない場合があり、その管理取扱いによっては不法行為責任（民709）を問われ得ることには留意すべきです。

（2）　個人情報保護法の適用場面

個人情報保護法の規制は、個人情報取扱事業者である企業、特定の個人、個人情報の提供先である第三者との関係において、個人情報の①取得、②利用、③管理、④第三者提供、⑤本人対応、の5つの場面に分けられます。

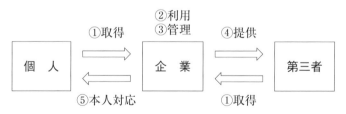

そして、各場面において、個人情報保護法の主な規制を整理すると以下のとおりになります。

摘要場面	個人情報保護法の規制
①情報取得	17条：個人情報の利用目的のできる限りの特定 20条：偽りその他不正な手段での個人情報の取得の禁止

	21条：取得に際する利用目的の通知、公表 30条：第三者から個人情報を取得する際の所定事項の確認
②情報利用	18条：特定された利用目的の達成に必要な範囲を超える個人情報の利用の禁止 19条：不適正な利用の禁止
③情報管理	22条：個人データを正確かつ最新の内容に保ち、不要となった場合に遅滞なく消去すること 23条：個人データの安全管理措置 24条、25条：従業員、委託先への監督
④第三者提供	27条：本人の同意のないデータ提供の禁止 28条：外国にある第三者への提供の禁止 29条：第三者へ提供したデータの記録作成 31条：個人関連情報の第三者提供の制限
⑤本人対応	32条：保有個人データに関し、本人の知り得る状態に置き、利用目的の通知を求められた場合は通知をすること 33条から36条：保有個人データの本人からの請求に応じて、当該データの開示、訂正、利用停止等をし、本人の請求の求めに応じないときは、その理由の説明をすること

第
3
章

2　個人情報保護法規制違反のペナルティ

　個人情報保護法の規制違反の罰則としては、罰金のみ（個人情報182・184・185）ならず、懲役（個人情報176〜181）が科されるなど重い処分が下される場合があることに留意が必要です。また、個人情報保護委員会からの勧告や是正命令などの行政処分を受け得ることも、理解しておくべきです。

【28】　安全管理措置

　個人情報を取得してデータベース化した場合、個人データをどのように管理すればよいのでしょうか。

相談対応のポイント	◇事業規模や取り扱う個人情報の性質等に応じて必要かつ適切な措置を講じて管理することが必要であることを説明します。 ◇安全管理措置を講じることが事業者の義務であり、個人情報保護法ガイドラインに沿った7つの措置を講ずる必要があることを説明します。

1　安全管理の必要かつ適切な措置を講じる義務

　事業者は、個人データの漏えい、滅失又は毀損（以下「漏えい等」といいます。）の防止その他の個人データの安全管理のため、必要かつ適切な措置を講じる必要があります（個人情報23）。そして、当該措置は、個人データが漏えい等をした場合に本人が被る権利利益の侵害の大きさを考慮し、事業の規模及び性質、個人データの取扱状況（個人データの性質及び量を含みます。）、記録媒体の性質等に起因するリスクに応じて、必要かつ適切な内容でなければならず、それで足ります。すなわち、全ての事業者に対し同じ水準の安全管理措置を講じる義務が課されているわけではありません。法律相談において、ある企業の安全管理措置内容を参考にするのはいいですが、どの企業に対しても同じ水準・内容の安全管理措置を助言するのは相当でないため、注意しましょう。

2　講ずべき安全管理措置の内容

　個人情報保護法ガイドラインにおいて、講ずべき安全管理措置の内容が記載されているため、その具体的な項目が参考になります。同ガイドラインでは、7つの講じるべき措置が挙げられており、具体的な内容や手法をまとめると以下のとおりになります。

講じるべき措置	具体的な内容・手法
①基本方針の策定	「事業者の名称」、「関係法令・ガイドライン等の遵守」、「安全管理措置に関する事項」、「質問及び苦情処理の窓口」等が含まれた、基本方針の策定

②個人データの取扱いに係る規律の整備	事業におけるリスク発生の可能性・程度などに応じた、個人データの取得、利用、保存等を行う場合の基本的な取扱方法の整備
③組織的安全管理措置	㋐組織体制の整備、㋑個人データの取扱いに係る規律に従った運用、㋒個人データの取扱状況を確認する手段の整備、㋓漏えい等事案に対応する体制の整備、㋔取扱状況の把握及び安全管理措置の見直し
④人的安全管理措置	従業者に定期的な研修等を行い、個人データについての秘密保持に関する事項を就業規則等に盛り込むなど、個人データの適正な取扱いを周知徹底するとともに適切な教育を行うこと
⑤物理的安全管理措置	㋐個人データを取り扱うことのできる従業者及び本人以外による容易な個人データ閲覧等の防止、㋑機器及び電子媒体等の盗難等の防止、㋒パスワードの設定等による電子媒体等を持ち運ぶ場合の漏えい等の防止、㋓個人データの削除及び機器、電子媒体等の廃棄
⑥技術的安全管理措置	㋐担当者及び取り扱う個人情報データベース等の範囲を限定するために、適切なアクセス制御、㋑個人データを取り扱う情報システムを使用する従業者が正当なアクセス権を有する者であることを、識別した結果に基づき認証すること、㋒外部からの不正アクセス等の防止、㋓情報システムの使用に伴う漏えい等の防止
⑦外的環境の把握	外国において個人データを取り扱う場合、当該国における個人情報保護制度等を把握して、必要かつ適切な措置を講じること

【29】　不適正な利用の禁止

　個人情報につき、不適正な利用の禁止として制限がされるのは、どのような場合でしょうか。

相談対応のポイント	◇個人情報保護法ガイドラインや個人情報保護委員会のQ＆Aを基に不適正利用の該当類型を説明します。 ◇新しい規制であり、最新の動向に注意しましょう。

1　個人情報不適正利用の禁止規制の概要

　個人情報保護法19条は、個人情報取扱事業者による違法又は不当な行為を助長し、又は誘発するおそれがある方法での個人情報の利用を禁じています。同条の「違法又は不当な行為」とは、個人情報保護法その他の法令に違反する行為、及び直ちに違法とはいえないものの、同法の制度趣旨又は公序良俗に反する等、社会通念上適正とは認められない行為をいいます。また、違法又は不当な行為を助長又は誘発するおそれの有無は、個人情報取扱事業者による個人情報の利用が、違法又は不当な行為を助長又は誘発することについて、社会通念上蓋然性が認められるか否かにより判断されます。

2　不適正利用に該当する類型、具体的な事例

　個人情報保護法ガイドラインによれば、以下のような場合が不適正利用に該当します。

（1）　違法行為に加担している事業者への情報提供

　違法行為を営むことが疑われる事業者（例：貸金業登録を行っていない貸金業者等）からの突然の接触による本人の平穏な生活を送る権利の侵害等、当該事業者の違法な行為を助長するおそれが想定されるにもかかわらず、当該事業者に当該本人の個人情報を提供する場合。

（2）　違法な差別が誘発され得る公開情報のデータベース化とその公開

　裁判所による公告等により散在的に公開されている個人情報（例：官報に掲載される破産者情報）を、当該個人情報に係る本人に対する違法な差別が、不特定多数の者によって誘発されるおそれがあることが予見できるにもかかわらず、それを集約してデータベース化し、インターネット上で公開する場合。

（3）　暴力団に対する情報提供

　暴力団員により行われる暴力的要求行為等の不当な行為や総会屋による不当な要求を助長し、又は誘発するおそれが予見できるにもかかわらず、事業者間で共有している暴力団員等に該当する人物を本人とする個人情報や、不当要求による被害を防止するために必要な業務を行う各事業者の責任者の名簿等を、みだりに開示し、又は暴力団等に対しその存在を明らかにする場合。

（4）　個人情報保護法違反の情報提供が予見できる場合における情報提供

　個人情報を提供した場合、提供先において個人情報保護法27条1項（第三者提供の制限）に違反する第三者提供がなされることを予見できるにもかかわらず、当該提供先に対して、個人情報を提供する場合。

（5）　差別的な取扱いを行うための個人情報利用

　採用選考を通じて個人情報を取得した事業者が、性別、国籍等の特定の属性のみにより、正当な理由なく本人に対する違法な差別的取扱いを行うために、個人情報を利用する場合。

（6）　違法な商品の広告配信のための個人情報利用

　広告配信を行っている事業者が、第三者から広告配信依頼を受けた商品が違法薬物等の違法な商品であることが予見できるにもかかわらず、当該商品の広告配信のために、自社で取得した個人情報を利用する場合。

3　不適正利用に該当する具体的な事例

　個人情報の不適正利用禁止の規定は、令和2年の個人情報保護法の改正により新設された規制であり、その運用については、最新の動向をつぶさに確認することが重要です。令和4年7月には、個人情報保護委員会が、破産者マップの運営者に対し、個人情報保護法19条違反などを理由として、同サイトを通じた個人データの提供の停止の勧告処分（個人情報148①）をしています。

【30】　情報漏えいとその対応

　弊社で取り扱っている個人情報が社外に流出してしまいました。会社としてどのような対応をとるべきでしょうか。

相談対応の ポ　イ　ン　ト	◇個人情報のうち個人データの漏えい等が生じた場合、個人情報保護委員会に報告し、本人に通知する必要があります。 ◇報告や通知しなければならない具体的ケースを事前に整理し、例外にも留意が必要です。

1　漏えい等が生じた場合には、個人情報保護委員会への報告が必要

　令和2年改正（令和4年4月1日施行）により、個人情報取扱事業者は、個人データの漏えい等が発生し、個人の権利利益を害するおそれが大きい事態の場合には、個人情報保護委員会に報告する必要があります（個人情報26①本文）。報告を義務化した趣旨は、個人データの漏えい等が発生した場合、個人情報保護委員会にその漏えい等の情報を集約して事実関係を早急に把握させ、個人情報取扱事業者に漏えい等の拡大や再発防止に必要な安全管理措置を徹底させ、個人の権利利益の侵害を防止することにあります。

　（1）　報告通知義務の対象となる情報

　個人情報保護法26条1項の対象情報は「個人データ」（個人情報16③）に限られます。個人情報データベース等を構成する個人情報が対象となり、「個人データ」に該当しない個人情報は本条の義務の対象となりません。他方、保有個人データ（個人情報16④）に該当しない場合も、個人データに該当する限り、本条の義務の対象となります。

　（2）　報告の対象となる事態

　報告義務が発生する事態とは、漏えい、滅失、棄損その他の個人データの安全の確保にかかる事態であり、個人の権利利益を害するおそれが大きいものとして個人情報保護委員会規則で定めるものが生じたときです。具体的には、次の場合が考えられます。

・要配慮個人情報（個人情報2③）の性質を持つ個人データ漏えいが生じた場合
・不正アクセスにより漏えい等が生じた場合
・不正利用で財産的被害が生じるおそれのある個人データ漏えいが生じた場合
・不正目的で行われたおそれがある個人データの漏えい等が生じた場合

・個人データにかかる本人の数が1000人（民間業者の場合）又は100人（行政機関等）を超える漏えい等が生じた場合

(3)　個人情報保護委員会への報告義務に基づく具体的報告方法

漏えい等の発生後、速やかに（おおむね3〜5日以内）事案の概要を報告し、その後一定期間内に再発防止策を含む詳細な報告をすることが考えられます。

(4)　受託義務における例外

漏えい等が生じた個人情報取扱事業者が、他の個人情報取扱事業者から当該個人データの取扱いの全部又は一部の委託を受けた場合で、漏えい等が生じた旨を委託元（個人情報取扱事業者に限ります。）に通知したときは、個人情報保護委員会への報告義務は免除されます（個人情報26①ただし書）。

2　本人への通知も必要

個人情報保護委員会への報告義務が生じる場合、個人情報取扱事業者は、本人にも漏えい等の事態の発生につき通知しなければなりません（個人情報26②本文）。ただし、委託元の個人情報取扱事業者に漏えい等が生じた旨を通知した場合は、本人への通知義務は免除されます（個人情報26②本文かっこ書）。また個人データに本人の連絡先が含まれていない場合等、本人への通知が困難な場合で、本人の権利利益を保護するため必要な代替措置をとるときも本人への通知義務は免除されます（個人情報26②ただし書）。

3　違反の効果

個人情報取扱事業者が本条に違反した場合、次のような事態が想定されます。

(1)　苦情の申出

本人は、その個人情報取扱事業者に対して苦情の申出（個人情報40）ができます。この個人情報取扱事業者を対象事業者とする認定個人情報保護団体がある場合、認定個人情報保護団体に対して解決の申出ができます（個人情報53）。

(2)　個人情報保護委員会による監督

個人情報保護委員会による報告徴収など（個人情報146）、指導及び助言、勧告、通常命令及び緊急命令の対象となり、その違反は公表及び罰則の対象です（個人情報182①）。

(3)　本人による裁判上の請求

対象となる情報が保有個人データの場合、本人は、個人情報取扱事業者に対し、当該本人が識別される保有個人データの第三者提供の停止を請求できます。この請求権は、所定の要件を満たせば裁判上の行使も可能です（個人情報35）。

【31】　第三者提供の制限

　個人情報の第三者提供が制限されるのは、どのような場合でしょうか。

相談対応の ポイント	◇個人データの第三者提供には、原則として事前に本人の同意が必要です。原則を前提に、同意が不要となる例外的な場合を整理して説明しましょう。 ◇個人データを外国の第三者へ提供する場合は、越境移転の規制の問題が生じることに注意しましょう。

1　個人データの第三者提供は原則的に本人の同意が必要

　個人情報取扱事業者は、「第三者」に対し「個人データ」を提供する場合には、原則として事前に本人の同意を得なければなりません（個人情報27①本文）。同意の取得方法は、約款、プライバシーポリシー又はサービス利用規約などで包括的に取得することが可能であり、個別に同意を得る必要はありません。

　個人情報保護法27条の対象は「個人データ」に限られています。しかし、個人情報の提供元においては「個人関連情報」（個人情報2⑦）等にすぎなくても、提供先において個人データとして取得することが想定される場合、提供元は本人の同意が得られていること等の確認なく第三者に個人関連情報を提供することはできないことに注意が必要です（個人情報31）。

2　本人の同意が不要な場合

　個人データを第三者に提供する場合でも、例外的に本人の同意が不要となる場合があります。

　(1)　個人情報保護法27条1項各号の例外事由に該当する場合

　個人データの第三者提供であっても、①法令に基づく場合（1号）、②人の生命身体等の保護に必要な場合（2号）、③公衆衛生・児童の健全育成に特に必要な場合（3号）、④国の機関等による事務への協力に必要な場合（4号）、⑤学術研究のために必要な場合（5～7号）には、例外的に、本人の同意なく第三者への個人データ提供を許容しています。

　(2)　個人情報保護法27条1項本文における「第三者」に該当しない場合

　個人データを第三者に提供する場合でも、本人との関係において提供主体であ

る個人情報取扱事業者と一体のものとして取り扱うことに合理性のある場合（委託、合併・事業承継、共同利用）は、例外的に「第三者」に該当しないとされています（個人情報27⑤各号）。

　委託（個人情報27⑤一）とは、契約の形態・種類を問わず、個人情報取扱事業者が他の者に個人データの取扱いを行わせることをいいます。また、提供元の個人データ利用の目的の達成のために委託先を利用する場合でなければなりません。なお、委託先に個人データを提供した場合、提供元は必要かつ適切な監督を行う必要があります（個人情報25）。

　「共同利用」として本人の同意なく個人データ提供をするには、共同利用の開始までに、①共同利用をする旨、②個人データの項目、③共同利用者の範囲、④利用目的、⑤個人データの管理責任者の氏名等を、本人に通知するか、本人が容易に知ることのできる状態に置いておくことが必要です（個人情報27⑤三）。

　(3)　オプトアウトを実施する場合

　個人情報取扱事業者は、個人データの第三者への提供に当たり、個人情報保護法27条2項各号に掲げる事項をあらかじめ本人に通知し、又は本人が容易に知り得る状態に置くとともに、個人情報保護委員会に届け出た場合には、あらかじめ本人の同意を得ることなく、個人データを第三者に提供することができます（オプトアウト）。オプトアウト手続においては、本人の求めに応じて、本人の個人データの第三者提供を停止することが求められます。また、要配慮情報並びに不正取得された又はオプトアウトにより提供された個人データは、オプトアウトにより提供することができないことに注意してください。

3　外国の第三者へ提供する場合には越境移転の制限

　個人データを海外の第三者へ提供する場合は、単に第三者へのデータ提供の同意でなく、「外国の」第三者へのデータ提供の同意が必要になります（個人情報28）。また、同意に先立ち、移転先の国名等の情報を本人に提供することが必要です。越境移転の制限は複雑な仕組みとなっていますので、慎重な検討が必要です。

【32】　社員による情報漏えい

　弊社を退職した社員が顧客情報を持ち出し、競業他社に再就職しました。競業他社がこの顧客情報を利用して営業活動を行った結果、弊社の顧客が弊社との契約を打ち切り、次々に競業他社と新たに契約を締結する事態となっています。当該社員、さらには競業他社に対して、当該情報の破棄を求めたり、損害賠償請求をしたりするなど、法的な手続をとることは可能でしょうか。

相談対応の ポ イ ン ト	◇当該顧客情報が不正競争防止法で定める営業秘密に該当する場合、当該社員及び競業他社に対し、損害賠償請求の他、使用等の差止請求、情報（媒体）の廃棄請求を行うことが可能です。したがって、まず営業秘密等の要件を満たすかを確認・検討する必要があります。 ◇個人情報保護法違反として個人情報保護委員会の行政処分等を促すことや、不正競争防止法違反の場合には刑事告訴を行うことも考えられます。

1　考えられる請求とその根拠

　元社員が在職中に顧客情報を持ち出して、再就職した競業他社でそれを利用した場合、その情報の利用を差し止め、さらに被った損害（逸失利益等）の賠償請求を検討することになりますが、その法的構成としては次のものが考えられます。
①　不正競争防止法3条（差止請求権）・4条（損害賠償）
②　民法709条（不法行為）に基づく損害賠償請求
③　（当該社員に対する）合意違反に基づく差止請求・損害賠償請求
　この③については、当該社員の在職中又は退職時に秘密保持義務を課していた場合に認められるものであり、その合意内容次第なので割愛します。

2　不正競争防止法に基づく差止請求等の検討

　不正競争防止法3条の要件を満たした場合には、当該社員及び競業他社に対する情報利用の差止請求や廃棄請求が認められ、更に損害賠償請求においても損害額の推定等の規定（不正競争5）があるため、有効な法的手段になります。したがって、まず不正競争防止法2条1項で定める不正競争及び同条6項で定める営業秘密に該当するかを検討することとなります。

　営業秘密の定義は、①秘密として管理されている（秘密管理性）、②生産方法、販売方法その他の事業活動に有用な技術上又は営業上の情報（有用性）であって、③公然と知られていないもの（非公知性）であり、この三要件全てを満たすことが必要です。その該当性は、裁判例や「営業秘密管理指針」（経済産業省、平成15年1月30日）などを参考に検討することになりますが、重要な顧客情報であっても秘密管理性が否定される事例も少なくないことに留意が必要です。

　不正競争防止法3条又は4条の要件を満たさない場合でも、民法709条の不法行為に基づく損害賠償請求は可能です。ただし、人格権侵害ではないため、不法行為に基づく差止請求は認められません。

　いずれにしても、当該社員に重大性の認識がない場合や競業他社が顧客情報の不正取得を知らない場合もあるので、受任後早い段階で、当該社員及び競業他社に対し、不正競争防止法、個人情報保護法等の違反となる可能性を指摘し、当該顧客情報の使用停止及び廃棄を求めることが考えられます。この通知により、以後の競業他社による情報利用が故意に基づくものとなる可能性もあります。

3　公権力に対する働きかけ

　当該社員に関しては、個人情報保護法179条の罰則の対象になる可能性がありますし、競業他社についても、その不正な手段により取得した個人情報の提供を受けているため、個人情報保護法20条1項に抵触する可能性があります。したがって、個人情報保護委員会に情報を提供し、個人情報保護法146条から148条までの権限行使を働きかけることが考えられます。

　また、不正競争防止法21条には罰則が定められているため、慎重に検討した結果、要件の充足性が認められる場合には、刑事告訴を行うことも考えられます。

【33】　訴訟と個人情報

　弊社が対応している訴訟で、提出予定の証拠に、顧客情報が含まれているのですが、これをそのまま証拠提出してよいでしょうか。個別同意を取らなければならないとすると膨大な時間がかかり、現実的ではありません。

相談対応の ポイント	◇訴訟で個人データが含まれている証拠を提出する場合、原則として第三者提供に関する本人同意を得る必要がありますが、例外として「人の生命、身体又は財産の保護のために必要がある場合であって、本人の同意を得ることが困難であるとき」等には同意を得る必要がありません。 ◇例外に該当するか否かは個別事例ごとに判断することになりますが、ガイドラインの事例等に照らして慎重に検討することが必要です。

1　個人データの第三者提供に同意が必要ない場合

　個人情報取扱事業者が個人データを第三者に提供するには、原則として本人の同意が必要ですが、個人情報保護法27条1項各号に該当する場合には同意不要とされています。個人情報保護法ガイドライン3—6—1では、「法令に基づく場合」（個人情報27①一）として「弁護士会からの照会に対応する場合」などが掲げられており、またガイドラインにはありませんが、裁判所からの文書提出命令（民訴223①）、調査嘱託（民訴186）などに対して回答する場合も該当すると解されています。

2　訴訟における個人データを含む証拠の提出

（1）　個人情報保護法27条1項2号の該当性

　訴訟当事者である個人情報取扱事業者が個人データを含む証拠を提出する場合には、「法令に基づく場合」に該当しないため、「人の生命、身体又は財産の保護のために必要がある場合であって、本人の同意を得ることが困難であるとき」（個人情報27①二）として本人同意なく提出できるかを検討することになります。

（2）　具体的権利・利益の保護に必要であること

　個人情報保護法ガイドラインでは、個人情報保護法27条1項2号の具体的事例が掲げられていますが、訴訟における証拠提出の事例はありません。ただし、個人

情報保護委員会「「個人情報の保護に関する法律についてのガイドライン」に関するQ＆A」（以下「Q＆A」といいます。）13—3には、「訴訟追行のために、訴訟代理人の弁護士・裁判所に、訴訟の相手方に係る個人データを含む証拠等を提出する場合は、「財産の保護のために必要がある」といえ、かつ、一般的に当該相手方の同意を取得することが困難であることから、法27条1項2号に該当し得る…」として、任意の証拠提出も該当し得ることが示されています。

　したがって、顧客情報を含む証拠を提出することが会社の財産という具体的権利・利益を保護するために必要である場合には、個人情報保護法27条1項2号の前段の要件を満たし得ることになります。

　(3)　本人同意を得ることの困難性

　「本人の同意を得ることが困難であるとき」については、「例えば、本人の連絡先が不明等により、本人に同意を求めるまでもなく本人の同意を得ることが物理的にできない場合や、本人の連絡先の特定のための費用が極めて膨大で時間的余裕がない等の場合が考えられます。」（Q＆A2—13）とされています。また、「製品の不具合が重大な事故を引き起こす危険性がある場合で、購入者に緊急に連絡を取る必要があるが、購入者が膨大で、購入者全員から同意を得るための時間的余裕もないときは、販売会社から購入者の情報を提供することは、法第27条第1項第2号…に該当すると考えられるため、購入者本人の同意を得る必要はないと解されます。」（Q＆A7—19）とされています。

　したがって、緊急性や必要性も考慮される可能性はありますが、「個別同意取得に膨大な時間がかかる」ことをもって「本人の同意を得ることが困難であるとき」に該当すると判断することは可能でしょう。ただし、「困難」や「膨大」は評価を含む概念なので、慎重に検討・判断することが必要です。

【34】　利用停止・消去請求

個人情報につき利用停止や消去の請求をされるのは、どのような場合でしょうか。

相談対応の ポイント	◇本人から個人データの利用停止・消去・第三者提供の停止を求められたときは、その具体的な理由を確認する必要があります。 ◇その理由が法違反等に該当すると判断した場合には、原則として請求に応じなければならず、一定の要件下で例外的に代替措置が許容されています。会社の対応は本人に通知しなければならず、請求に応じない場合にはその通知において理由の説明に努めることとなります。

1　本人が利用停止等の請求をできる場合

個人情報保護法35条では、次の各場合、本人（個人情報によって識別される特定の個人）が保有個人データの利用の停止若しくは消去（以下「利用停止等」といいます。）又は第三者提供の停止を請求することができるとされています。

①利用停止等	⑦個人情報保護法18条の規定に違反して本人の同意なく目的外利用がされている場合 ⑦個人情報保護法19条の規定に違反して不適正な利用が行われている場合 ⑦個人情報保護法20条の規定に違反して偽りその他不正の手段により個人情報が取得され若しくは本人の同意なく要配慮個人情報が取得された場合
②第三者提供の停止	個人情報保護法27条1項又は法28条の規定に違反して本人の同意なく第三者に提供されている場合
③利用停止等又は第三者提供の停止	⑦利用する必要がなくなった場合 ⑦本人が識別される保有個人データに係る個人情報保護法26条1項本文に規定する事態が生じた場合 ⑦本人の権利又は正当な利益が害されるおそれがある場合

2　利用停止等の請求を受けた場合の対応

(1)　請求の理由に関する確認

　個人情報取扱事業者が本人から1の請求を受けた場合、その具体的な理由を確認し、法違反等である旨の指摘が正しいか否かを確認・検討する必要があります。③は判断が難しい場合もありますが、個人情報保護法ガイドライン3−8−5−1の具体的事例をご参照ください。

(2)　指摘が正しい場合の原則的対応

　本人からの指摘が正しい場合には、原則として、遅滞なく利用停止等又は第三者提供の停止をしなければなりません。なお、③の対応は、「本人の権利利益の侵害を防止するために必要な限度」とされていますので、一部の保有個人データの利用停止等によって生じている本人の権利利益の侵害のおそれを防止できる場合には、その範囲で利用停止等をすることも考えられます。

(3)　代替措置による例外的対応

　本人からの指摘が正しい場合であっても、請求の停止等に多額の費用を要する場合や個人情報取扱事業者が正当な事業活動において保有個人データを必要とする場合には、本人の権利利益を保護するために必要な代替措置を講ずることによる対応が認められています。個人情報保護法ガイドライン3−8−5−3に具体的な事例が紹介されていますが、「生じている本人の権利利益の侵害のおそれに対応するものであり、本人の権利利益の保護に資するものである必要がある」とされていますので、要件の充足性は保守的に判断すべきと考えられます。

(4)　本人への通知

　個人情報取扱事業者は、請求に応じるか否かにかかわらず、その決定を本人に遅滞なく通知する必要があります。さらに、請求に応じない場合や(3)の代替措置を講じる場合には、通知においてその決定理由も説明するよう努めることとされています。

【35】　罰　　則

　個人情報保護法に違反すると刑事罰があると聞きましたが、具体的にどのような処罰が規定されていますか。

相談対応の ポイント	◇個人情報保護委員会は、個人情報取扱事業者等に対して、報告徴収・立入検査を実施し、勧告・命令を行うことができます。これらの行政処分に違反した場合には、刑事罰が科される可能性があります。 ◇個人情報取扱事業者等が、その業務に関して取り扱った個人情報データベース等を自己若しくは第三者の不正な利益を図る目的で提供し、又は盗用したときは、刑事罰が科される可能性があります。

1　個人情報保護委員会による報告徴収・立入検査等

(1)　個人情報保護委員会の権限

　個人情報保護委員会は、個人情報保護法第4章（第5節を除きます。）の施行に必要な限度において、個人情報取扱事業者等その他の関係者に対し、個人情報等の取扱いに関し、必要な報告若しくは資料の提出を求め、又は個人情報取扱事業者等の事務所等に立ち入らせ、個人情報等の取扱いに関し質問させ、若しくは帳簿書類その他の物件を検査させることができます（個人情報146①）。

　また、個人情報保護委員会は、必要な限度において、個人情報取扱事業者等に対し、個人情報等の取扱いに関し必要な指導及び助言をすることができます（個人情報147）。さらに、個人情報保護委員会は、個人情報取扱事業者等が法令に違反した場合において必要性があると認めるときは、当該個人情報取扱事業者等に対し、当該違反行為の中止その他違反を是正するために必要な措置をとるべき旨を勧告することができ、その措置がとられず、切迫性・緊急性が認められる場合には勧告に係る措置をとるべきことを命令することができます（個人情報148）。この命令に違反した場合、個人情報保護委員会は、その旨を公表することができます。

　なお、個人情報保護法150条に基づく権限の委任が行われた場合には、事業所管大臣（各省庁）も報告徴収・立入検査を実施する権限を有しています。

(2)　個人情報保護委員会の命令等に従わなかった場合

　個人情報保護法182条では、個人情報保護委員会による報告徴収・立入検査に応じなかった場合や報告徴収に対して虚偽の報告をした場合、50万円以下の罰金（刑事罰）に処すると定められています。また、個人情報保護委員会の命令に違反した場合、1年以下の懲役又は100万円以下の罰金に処すると定められています（個人情報178）。

2　個人情報取扱事業者等による不正利益目的提供・盗用

　個人情報保護法179条では、個人情報取扱事業者若しくはその従業者又はこれらであった者が、その業務に関して取り扱った個人情報データベース等（その全部又は一部を複製し、又は加工したものを含みます。）を自己若しくは第三者の不正な利益を図る目的で提供し、又は盗用したときは、1年以下の懲役又は50万円以下の罰金に処すると定められています。

　これに加え、法人の代表者又は法人若しくは人の代理人、使用人その他の従業者（以下「従業者等」といいます。）が、その法人又は人の業務に関して上記の罰則の対象となる行為を行った場合には、両罰規定により、行為者が罰せられるほか、その法人や人にも罰金刑を科するとされています（個人情報184）。例えば、従業者等が法人の業務に関して、個人情報保護法178条・179条に掲げる違反行為を行った場合、当該法人には、1億円以下の罰金刑が科される可能性があります。

3　国外における違反行為

　個人情報保護法183条では、同法179条等の規定は「日本国外においてこれらの条の罪を犯した者にも適用する。」とされていますので、国外犯も刑事罰が科せられます。

【36】　法人設立（個人事業主の法人化）

　現在、個人事業主として事業を行っていますが、従業員も増えてきたので、法人を設立したいと考えています。
　法人の形態としてはどのようなものがあるのでしょうか。

相談対応の ポイント	◇法人化によるメリットとデメリットを理解し、事業内容に合った適切な形態を選択する必要があります。

1　法人化の検討

　法人化には、一定のメリットがありますので、個人事業主として事業を開始し、事業が軌道に乗り始めたのであれば、法人化を検討しましょう。法人化による一般的なメリットとデメリットとしては、以下の表のとおりに整理することができます。

メリット	デメリット
・権利義務の帰属主体が法人となり、形態によっては、経営者個人が事業に関して無限責任を負わない。 ・私的な資産と事業用の資産の区別が容易になる。 ・法人の形態によっては、多数の出資者から返済義務のない資金を調達することができる。 ・資金調達、従業員の採用、事業提携等の場面で対外的に一定の信用を得やすい。 ・欠損金の繰越など一定の場合に税務上のメリットを受けることができる。 ・事業承継を行いやすい。	・登記が必要になるたびに手間と費用がかかる。 ・出資持分のある法人の場合は、持分構成（株式比率など）の適正化を検討する必要がある。 ・個人事業主の場合と比較して、法人内部での意思決定に時間がかかる。 ・会計、税務、法人の運営等に必要な事務負担が増える。 ・社会保険への加入義務がある。

2　法人の形態と選択のポイント

　法人には、様々な形態があります。まず、事業から得られた利益を出資者に分配することを目的とする営利法人と、理事や役員等の法人の構成員に対する利益の分配を目的としない非営利法人に区別することができます。

　会社法によって規定される株式会社、合名会社、合資会社、及び合同会社は、営利法人といえます。非営利法人の代表的なものは、一般社団法人、一般財団法人、特定非営利活動法人（NPO法人）、社会福祉法人などが挙げられます。

　営利法人は、法令、定款に反しない限り自由に事業活動を行うことができ、出資者は出資割合や持分割合に応じて会社を所有することになります。一方、非営利法人は、公益を目的とする事業の遂行に支障を生じさせない範囲でしか他の事業を行うことができません。事業を行い、利益を生み出し、出資者や構成員に利益を分配することを予定しているのであれば、営利法人を選択することを検討するとよいでしょう。

　債権者に対して無限責任を負わないという法人化のメリットを考慮するのであれば、営利法人の中でも、事業のリスクを出資額に限定でき、債権者から直接の請求を受けることを避けることが可能な株式会社又は持分会社を選択することを検討するとよいでしょう。

【37】　法人設立の手続

　法人を設立するためには、どのような手続が必要となりますか。また法人設立にはどのような費用がかかるのでしょうか。

相談対応の ポイント	◇株式会社の発起設立の場合、定款作成、出資の履行、設立時役員等の選任、設立登記の申請などの手続が必要となります。

1　法人を設立するための手続

　法人の設立手続は、選択する法人の形態によって変わりますが、ここでは事業を行う場合に多く選択される法人形態である株式会社の設立手続について説明します。

　株式会社の設立には、設立に際して発行する株式の全部を発起人が引き受ける発起設立（会社25①一）と、発起人が設立時発行株式の一部を引き受け、残部については、これを引き受ける者を募集する募集設立（会社25②二）とがあります。募集設立は、募集株式の引受人の利益を保護するために、様々な規制が課されていることから、実務上は、発起設立により設立する場合が多いです。そのため、以下、発起設立の手続の流れについて説明します。

2　発起設立の手続

　発起設立の場合、①発起人の決定、②定款の作成、③定款の認証、④出資の履行、⑤設立時役員等の選任、⑥設立時取締役等による調査、⑦設立登記の申請という手続により設立されます。

　②について、定款を作成する際に必ず記載しなければならず、記載をしないと定款自体が無効となる事項を絶対的記載事項といいます。具体的には、株式会社の目的、商号、本店所在地、設立に際して出資される財産の価格又はその最低額、発起人の氏名又は名称及び住所（会社27各号）が絶対的記載事項になります。

　③について、設立の際に作成される定款は、公証人の認証を受けなければその効力が生じません（会社30①）。

　④について、出資とは、株式会社に対して金銭その他の財産を拠出し、それと引換えに株式の交付を受けることをいいます。金銭出資の場合、発起人は、設立時発行株式の引受後遅滞なく、発起人が定めた払込取扱機関（銀行等）の発起人

名義の口座に振込みを行う方法により、出資の履行をします。設立登記の申請書には、預金通帳の写し等の払込みがあったことを証する書面を添付することになります。

　⑤、⑥について、発起人は出資の履行の完了後、遅滞なく設立時取締役を選任しなければならず（会社38①）、設立時取締役は、選任後遅滞なく出資の履行が完了していることその他設立手続が法令又は定款に違反していないことについて、調査をしなければなりません（会社46①三・四）。

　⑦について、株式会社は設立の登記をすることによって成立（法人格を取得）します（会社49）。なお、設立登記を申請する際に、申請書に添付が必要な主な書面は、定款（公証人による認証済のもの）、発起人全員の同意又はある発起人の一致があったことを証する書面、設立時取締役等の就任承諾書、設立時代表取締役の就任承諾書、設立時取締役等の調査報告を記載した書面及びその附属書類、金銭の払込みがあったことを証する書面、印鑑証明書、設立時取締役等の本人確認証明書、資本金の額が会社法及び会社計算規則に従って計上されたことを証する書面（設立に際して出資される財産が金銭のみである場合は不要）、設立時取締役が設立時代表取締役を選定したときはこれに関する書面、代理人によって登記を申請するときは、その権限を証する書面などになります。

3　発起設立の場合に要する主な費用

　発起設立に当たっては、定款を公証人に認証してもらう際の定款認証料（資本金の金額に応じて3万円～5万円程度（公証人手数料令35参照））、設立登記の申請の際に必要となる登録免許税（原則、資本金の金額に1000分の7を乗じた金額）などの費用が必要となります。

【38】　企業の組織

株式会社の機関設計について、どのように規定されているのか教えてください。

相談対応の ポイント	◇公開会社かどうか、大会社かどうかを踏まえながら、会社法所定の機関を設計する必要があります。

1　株式会社の機関設計

　株式会社の機関とは、株式会社の管理・運営に携わる者として、会社法第2編第4章に定められた人又は合議体をいいます。具体的には、株主総会、種類株主総会、取締役、取締役会、会計参与、監査役、監査役会、会計監査人、監査等委員会、指名委員会等及び執行役をいいます。

　株主総会と取締役は、株式会社において必ず設置しなければならない機関です。その他の機関については、会社法は、各会社の自主性を尊重し、原則自由に機関設計することを可能としていますが、一定の会社においては、一定の機関の設置が会社法によって義務付けられています。具体的には、株式会社が公開会社（その発行する株式の全部又は一部について譲渡制限をしていない株式会社）や、大会社（資本金の額が5億円以上又は負債総額が200億円以上の株式会社）であると、機関設計に一定の機関を設置する必要があります。

　なお、監査等委員会設置会社、及び指名委員会等設置会社に関する説明は、ここでは割愛します。

2　機関設計に関する主なルール

　機関設計に関する主なルールを説明します。

　公開会社は、取締役会を置かなければなりません（会社327①一）。公開会社では、株式の譲渡が自由であるため、株主が頻繁に変更され、株主の数も多数となることが想定されるため、株主が継続して直接経営に関与することは現実的ではありません。そのため、公開会社では、会社の運営・管理を基本的に取締役会に委ねる機関設計となっています。

　取締役会設置会社（監査等委員会設置会社、及び指名委員会等設置会社を除きます。）は、監査役を置かなければなりません（会社327②本文）。これは、取締役が

権限を濫用しないようにする趣旨です。ただし、非公開会社で会計参与を置く取締役会設置会社は、監査役を置かなくてもよいとされています（会社327②ただし書）。

　なお、非公開会社は、定款により監査役の監査の範囲を会社の業務全般ではなく、会計に関する事項に限定することが可能です（会社389①）。

　大会社は、会計監査人を置かなければなりません（会社328①②・327⑤）。これは大会社は、企業規模が大きく、計算関係が複雑になること、利害関係人も多数いることから、会社の会計処理の適正さを担保する必要があるためです。

　会計監査人設置会社（監査等委員会設置会社、及び指名委員会等設置会社を除きます。）は、監査役を置かなければなりません（会社327③）。これは、会計監査人の独立性を担保するため、会計監査人の選任や報酬の決定に監査役が関与することとされているためです（会社344・399①②）。

　また監査役会設置会社は、取締役会を置かなければなりません（会社327①二）。

3　公開会社かつ大会社

　公開会社であり、かつ大会社の場合は、株主や債権者等の利害関係人が多数に及ぶことから、監査役会、監査等委員会又は指名委員会等のいずれかを置かなければなりません（会社328①）。

【39】　株主総会

株主総会を実施するに当たって、どのようなことに注意すべきですか。

相談対応の ポイント	◇株主総会決議の手続や内容が法令や定款に違反しないよう、会社法が定める手続に従って、株主総会を実施する必要があります。

1　株主総会の手続

　株主総会は、議決権を有する全ての株主によって構成される株式会社の意思決定機関です。株主総会を実施するに際しては、会社法が規定する手続に従って適法に実施する必要があります。

　取締役会設置会社の株主総会は、会社法又は定款に規定する事項のみ決議をすることができます（会社295②）が、非取締役会設置会社では、会社に関する一切の事項について決議することができます（会社295①）。株主に出席と準備の機会を与える必要があるため、株主総会を開催する場合には、一定の招集手続を行う必要があります。株主総会は、取締役が招集することが原則です（会社296③）。取締役が株主総会を招集する場合、①株主総会の日時及び場所、②株主総会の目的事項（議題）、③書面投票を認める時はその旨、④電子投票を認める時はその旨、⑤その他省令で定める事項を決定する必要があります（会社298①各号）。株主総会の招集通知は、公開会社においては総会日の2週間前まで、非公開会社においては総会日の1週間前まで（非取締役会設置会社では定款によりその期間をさらに短縮することが可能）に発送しなければなりません（会社299①）。取締役会設置会社においては、招集通知は書面で行わなければなりません（会社299②二）が、株主からあらかじめ承諾を得れば、電磁的方法で通知を行うこともできます。招集通知には、会社法298条1項各号（上記①～⑤）の事項を記載する必要があります（会社299④）。令和元年の会社法改正により、株主総会資料の電子提供措置の制度（会社325の2～325の7）が新設され、令和4年9月1日から施行されました。同制度は、株主総会の招集通知及びその添付資料に記載すべき事項にかかる情報について、インターネットのウェブサイトに掲載する措置をとり、株主に対しては、株主総会の日時・場所、議題のほか、当該ウェブサイトのURL等の最低限の情報を記載した書面に

よる招集通知を行い、株主は当該ウェブサイトにアクセスすることにより、株主
総会資料を入手する、という制度です。株式会社は、定款の定めにより、この電
子提供措置の制度を利用することが可能です（会社325の2）。この制度を利用する
場合は、株主総会の日の3週間前の日又は招集通知の発送の日のいずれか早い日
から株主総会の日後3か月を経過するまでの間、株主総会資料について電子提供
措置をとらなければなりません（会社325の3①）。

2　株主総会決議の瑕疵を争う訴訟

　株主総会の手続や決議の内容に法令・定款違反などの瑕疵がある場合、株主総
会決議の取消しや無効を主張され、訴訟提起される可能性があります。会社法は、
株主総会決議取消しの訴え、株主総会決議不存在確認の訴え、株主総会決議無効
確認の訴えという3つの訴訟類型を規定しており、その要件は、以下の表のとおり
に整理できます。

株主総会決議取消しの訴え （会社831①）	・決議の手続（招集手続又は決議方法）が法令若しくは定款に違反し、又は著しく不公正なとき。 ・決議の内容が定款に違反するとき。 ・特別利害関係人の議決権行使により著しく不当な決議がなされたとき。
株主総会決議不存在確認の訴え （会社830①）	・決議が物理的に存在しないとき。 ・決議の手続の瑕疵が著しく法律上決議があったものと評価し得ないとき。
株主総会決議無効の訴え （会社830②）	・決議の内容が法令に違反するとき。

【40】　内部統制システム

いわゆる内部統制システムについて、どのように構築すべきかについて教えてください。

相談対応のポイント	◇中小企業は、内部統制システムを構築する義務を負っていませんが、自社の状況に応じて構築・運用することが望ましいと考えられます。

1　制　度

内部統制システムとは、取締役の職務の執行が法令及び定款に適合することを確保するための体制その他株式会社の業務並びに当該会社及びその子会社からなる企業集団の業務の適正を確保するために必要なものとして法務省令で定める体制をいいます（会社362④六・348③四参照）。

会社法は、大会社（資本金5億円以上又は負債200億円以上（会社2六））に対して、内部統制システム構築の基本方針を決定し、それに基づき整備・運用する義務を課しています（会社362④六・362⑤・348③四・348④）。

他方、会社法は、中小企業に対して、大会社のように内部統制システムを整備・運用する義務を課していません（会社362⑤・348④参照）。

しかし、内部統制の目的は、業務の有効性及び効率性、財務報告の信頼性、事業活動に関わる法令等の遵守並びに資産の保全は取引先や社会からの信頼を確保することにあり（金融庁「財務報告に係る内部統制の評価及び監査の基準」2頁）、これは中小企業経営においても有益な視点となり得ます。

内部統制システムを構築する際は、取締役会の決議又は取締役の過半数の同意をもって、内部統制システム構築の基本方針を決定します（会社362④六・348③四）。

2　内部統制システムの内容

会社法が決議事項として定めている内部統制システムの内容は、次のとおりです（会社362④六・348③四、会社則98・100①）。

中小企業においては、自社の規模、業務内容、業務プロセスを分析し、発生し得るリスクを抽出し、自社に適合した体制を整えることが望ましいと考えられます。

①　取締役の職務の執行が法令及び定款に適合することを確保するための体制
（コンプライアンス体制）

②　当該会社の取締役の職務の執行に係る情報の保存及び管理に関する体制

③　当該会社の損失の危険の管理に関する規程その他の体制（リスクマネジメント体制）

④　当該会社の取締役の職務の執行が効率的に行われることを確保するための体制

⑤　当該会社の使用人の職務の執行が法令及び定款に適合することを確保するための体制

⑥　企業集団における業務の適正を確保するための体制

⑦　（取締役が2人以上ある株式会社である場合）⑥に加え業務の決定が適正に行われることを確保するための体制

⑧　（監査役設置会社以外の株式会社である場合）取締役が株主に報告すべき事項の報告をするための体制

⑨　（監査役設置会社である場合）監査役を補助する使用人に関する事項

⑩　⑨の使用人の取締役からの独立性に関する事項

⑪　⑨の使用人に対する指示の実効性の確保に関する事項

⑫　監査役への報告に関する体制

⑬　⑫の報告者の不利益取扱い禁止に関する事項

⑭　監査役の監査費用又は債務の処理に係る方針に関する事項

⑮　その他監査役の監査の実効性を確保するための体制

【41】　取締役の責任

　取締役は、会社に対して、どのような責任を負いますか。また、取締役の責任を軽減することは可能でしょうか。

相談対応の ポイント	◇取締役は、会社に対して、**善管注意義務及び忠実義務**などを負っており、その任務を怠ったとき、会社に対して、それによって生じた損害を賠償する責任を負います。 ◇取締役の責任を軽減することは可能です。

1　取締役の会社に対する責任

(1)　概　要

　取締役は、会社に対し、善管注意義務（民644、会社330）、忠実義務（会社355）を負っています。そこで、取締役は、任務を怠り会社に損害を生じさせたとき、その損害を賠償する責任を負います（任務懈怠責任（会社423①））。

(2)　任務懈怠の類型

ア　法令違反行為

　取締役は、法令を遵守して、その職務を行う義務を負います（会社355）。法令違反については、裁量の余地は問題となりませんので、法令違反は、直ちに任務懈怠となります。

　ここにいう法令には、会社法のみならず、全ての法令が含まれます。

イ　経営判断の誤り

　取締役の業務執行は、不確実な状況で迅速な判断を迫られることが多いので、取締役の判断は、著しく不合理なものでない限り、善管注意義務に違反したということはできません（経営判断の原則（最判平22・7・15判時2091・90等））。

　そして、善管注意義務違反に当たるか否かは、①行為当時の状況に照らして情報の収集、分析、検討が合理的なものであったかどうか、②その事実認識に基づく判断の過程及び判断内容に明らかに不合理な点がなかったかどうかという観点から検討されます（ヤクルト本社事件＝東京高判平20・5・21判タ1281・274等）。

ウ　監視・監督義務違反

　取締役は、他の取締役の職務の執行を監視・監督する義務を負っていますので（監視・監督義務）、自ら任務懈怠行為を行ったときのみならず、他の取締役の任

務懈怠を知りながら、それを放置したときも、監視・監督義務を怠ったとして任務懈怠責任の問題が発生します。

　しかし、リスク管理に関する体制が十分整備されている場合においては、取締役が他の取締役等の職務執行に問題のあることを疑わせる特段の事情が存在しない限り、監視・監督義務を怠ったと評価されません（信頼の原則（前掲東京高判平20・5・21等））。

　（3）　責任追及手段

　会社の機関が訴えを提起する方法（会社353・364・386①）、株主が訴えを提起する方法（会社847〜847の3）があります。

2　取締役の責任の免除ないし一部免除

　取締役の責任は、総株主の同意による免除（会社424）、株主総会の特別決議による一部免除（会社425①）、定款の定めに基づく一部免除（会社426①）、責任限定契約の締結による一部免除（会社427①）ができる場合がありますが、それぞれ以下の留意点があります。

（一部）免除の方法	留意点
総株主の同意（会社424）	総株主には議決権を有しない株主も含む
株主総会の特別決議（会社425①）	悪意重過失がある場合、自己のためにした利益相反取引などの場合は不可
定款の定め（会社426①）	悪意重過失がある場合などは不可、取締役会決議又は取締役過半数の同意が必要
責任限定契約（会社427①）	悪意重過失がある場合などは不可、定款の定め必要、業務執行取締役を除く

【42】　取締役の第三者に対する責任

　取締役は、株主を含む第三者に対して、どのような場合に責任を負うのでしょうか。いわゆる名目的な取締役も責任を負うことはありますか。

相談対応のポイント	◇取締役は、職務を行うについて悪意・重過失があった場合、及び、書類等に虚偽記載等があった場合、株主を含む第三者に対して、損害賠償責任を負います。 ◇名目的な取締役もこの責任を負うことがあります。

1　取締役の対第三者責任

　(1)　概　要

　取締役が職務を行うにつき悪意又は重過失のあった場合 (悪意・重過失による任務懈怠責任：会社429①) 及び重要事項の虚偽記載等をした場合 (虚偽記載等の責任：会社429②)、取締役は第三者に対し責任を負います。

　(2)　悪意・重過失による任務懈怠責任

　取締役が職務を行うにつき悪意又は重過失があり、それにより第三者に損害が生じたとき、当該取締役は、その損害を賠償する責任を負います (会社429①)。なお、悪意又は重過失とは、取締役がその職務を行うにつき悪意又は重過失があることをいいます (最判昭44・11・26判時578・3)。責任を負うのは、取締役が直接第三者に損害を与えた場合 (直接損害) だけでなく、取締役の任務懈怠行為から会社が損害を被り、その結果、第三者に損害を与えた場合 (間接損害) も含まれます。

	具体例
直接損害	第三者との間で履行見込みがない取引をした場合 (福岡高宮崎支判平11・5・14判タ1026・254)
間接損害	取締役の放漫経営 (東京高判昭58・3・29判時1079・92) 利益相反取引 (東京地判平6・4・26判時1526・150)

　なお、複数の取締役が損害賠償責任を負う場合は連帯債務となります (会社430)。

2　虚偽記載等の責任

　取締役が、株式等の引受人を募集する際に通知すべき重要な事項、その募集の

際の説明資料、計算書類等に記載すべき重要な事項につき虚偽の通知・記載を行った場合、又は、虚偽の登記・公告をした場合、当該取締役は、第三者に生じた損害を賠償する責任を負います（会社429②）。この責任は、過失責任ですが、第三者の保護の観点から、取締役の側で過失がなかったことを立証しなければなりません（立証責任の転換）。なお、複数の取締役が損害賠償責任を負う場合は連帯債務になります（会社430）。

3　名目的な取締役

　名目的な取締役について、第三者に対する責任を認めた裁判例としては以下のものがあります。

責任を負う者	内　容
名目的取締役	適法な選任手続を経て取締役に就任しているが、当該会社との間で取締役としての職務を果たさなくてもよいとの合意をしている取締役（最判昭55・3・18判時971・101）
登記簿上の取締役	株主総会の選任決議がないが、取締役として登記されることを承知した不実の登記の出現に加功した者（最判昭47・6・15民集26・5・984） 退任後も不実の登記を残存させることについて積極的に承諾を与えていた者（最判昭62・4・16判時1248・127）
事実上の取締役	正式に取締役として選任されていないにもかかわらず、事実上会社の業務執行をしている者（東京地判平2・9・3判時1376・110）

【43】　廃業手続

株式会社を経営していますが、従業員も1名しかおらず、自分も高齢になってきたので会社を畳みたいと思っています。廃業するための手続を教えてください。

相談対応の ポイント	◇関係資料を精査し、会社の状況を把握します。 ◇どのような清算手続をとるか選択し、選択した清算手続を実施します。

1　清算手続の選択：会社の状況の把握

(1)　はじめに

後継者がおらず、経営意欲を失っている場合、事業自体を廃業することは一手段ですが、M＆Aにより第三者に事業を承継してもらうことも有効な手段となります。本件においてM＆Aの詳細は省きますが、事業が継続できる上に従業員の雇用も確保できるというメリットがありますので、廃業する前にその可能性がないか検討されることをお勧めします。

(2)　会社の状況の把握

会社の事業運営状況や財務状況等に応じて清算手続が異なりますので、決算書類、会計帳簿等を精査し、会社の状況を把握します。

一般的に会社が支払不能であれば破産、そうでないときは通常清算手続又は特別清算手続を選択します。

2　清算の実施

(1)　通常清算

清算人を機関として、清算の結了に向け、清算事務を行う手続です。

ア　解散の決議

通常清算をするには、株主総会において解散の決議（特別決議（会社471三・309②十一））及び清算人の選任（会社477①・478①②）を行い、それを登記します（会社926・976一）。登記の完了後、廃業届を、税務署、都道府県税事務所及び市区町村に提出します。

解散したときは清算をしなければならないので（会社475一）、清算手続に入ります。

　イ　債権申出の公告等

　清算会社は、債権者に対し、債権の申出の公告をするとともに、知れている債権者に個別の催告をします（会社499）。

　ウ　清算人の職務

　清算人は、現務の結了（事業の廃止（会社481一））、雇用契約の終了、取引関係の解消、各種契約関係の終了、財産の換価、債権の取立て及び債務の弁済（会社481二）、残余財産の分配（会社481三）等を行います。そして、清算人は、清算事務が終了したとき、清算報告書を作成し（会社507①）、株主総会の承認を受け（会社507③）、清算結了の登記（会社929一）を行います。

　清算会社は、株主総会の承認があったとき、法人格が消滅します（会社929一・507③・476参照、最判昭59・2・24判時1108・3）。

　清算人は、税務署等への廃業届出及び解散確定申告をし、清算が結了した旨を、都道府県税事務所及び市区町村に届け出ます。

　なお、清算人は、清算株式会社の財産がその債務を完済するのに足りないことが明らかになったときは、清算人は、直ちに破産手続開始の申立てをしなければなりません（会社484①）。

　(2)　特別清算

　多数の債権者がいる等清算の遂行に著しい支障を来すべき事情があるか、又は、債務超過の疑いのある株式会社が、裁判所の監督の下で実施する清算手続です（会社510）。

　(3)　破　産

　支払不能であるとき、裁判所に破産手続開始の申立てをします。裁判所が破産管財人を選任し、同人の主導の下、清算業務が行われます。

　(4)　第三者承継

　M&Aを検討される際には、各種専門家や各都道府県の事業承継・引継ぎ支援センター等に相談されるのも一手段です。

【44】　事業承継の方法

　経営者が高齢化してきたので、そろそろ後継者のことを考えなければなりません。どのような点を検討すべきでしょうか。

相談対応のポイント	◇後継者をどのように決めるか、どの類型の事業承継をするか、について検討する必要があります。 ◇事業承継には早めからの十分な準備が必要であることを理解してもらう必要があります。

1　事業承継の類型と留意点

　まずは、後継者をどのように決めるかについて検討する必要があります。

　事業承継の類型とそれぞれのメリット、留意点は以下のとおりです。

	説　明	メリット	留意点
親族内承継	現経営者の子をはじめとした親族に承継させる方法	・内外の関係者から心情的に受け入れられやすい ・後継者の早期決定により長期の準備期間の確保が可能 ・相続等により財産や株式を後継者に移転でき、所有と経営の一体的承継が期待できる	・承継時に相続税等の発生が予定され得る ・十分な準備期間を設けて後継者教育に計画的に取り組む必要がある ・経営者保証等が事業承継時の課題や障害になり得る
従業員承継	親族以外の会社の役員・従業員に承継させる方法	・経営者として能力のある人材を見極めて承継させることができる ・経営方針等の一貫性を保ちやすい	・親族株主の了解を得る必要がある ・他の役員・従業員との関係性や経営者保証等にも留意が必要
社外への引継	株式譲渡や事業譲渡等（M＆A）により社外の第三者に引き継がせる方法	・会社売却の利益を得ることができる ・企業改革の好機となりさらなる成長の推進力となり得る	・事前の企業価値の向上が必要 ・最適なマッチング候補を見つけるのに時間がかかる

2　事業承継の構成要素

事業承継は、単に株式を承継させて代表者を交替すればよいというものではありません。以下の3つの要素について十分な検討・準備が必要です。

(1)　人（経営）の承継

適切な後継者の選定を早期に開始し、その後継者に経営に必要な能力を身に付けさせ、その後継者に経営権を承継させていくことが重要です。

(2)　資産の承継

事業を行うために必要な設備、不動産等の事業用資産、債権、債務、自社株式等の資産を円滑に承継するための十分な準備が必要です。事業承継後の税負担への配慮や現経営者の個人負債、保証の整理、承継が必要です。

(3)　知的資産の承継

会社の人材、技術、技能、知的財産、組織力、経営理念、顧客とのネットワークなどの財務諸表には表れてこない目に見えにくい経営資源であって企業における競争力の源泉となるものを「知的資産」と呼びます。

知的資産を見える化して後継者に承継することはとても重要です。

3　事業承継の進め方

事業承継は、以下の5ステップに従って進めます。早期に準備の必要性の認識を固め、十分な準備の下に事業承継を進めることが成功の鍵といえます。

①　ステップ1：事業承継に向けた準備の必要性の認識
②　ステップ2：経営状況・経営課題等の把握（見える化）
③　ステップ3：事業承継に向けた経営改善（磨き上げ）
④　ステップ4：事業承継計画の策定・M＆A工程の実施
⑤　ステップ5：事業承継・M＆Aの実行

【45】　親族内承継の問題

後継者が推定相続人などの親族の場合、どのような点に留意すべきでしょうか。

相談対応の ポ イ ン ト	◇株式承継に伴う税負担に対する対策が必要です。 ◇現経営者の債務・保証・担保の承継も必要です。 ◇資金調達についての検討も必要です。

1　はじめに

　親族内承継では、とりわけ資産の承継に当たり、税負担に対する対策、現経営者個人の債務・保証・担保への手当、資金調達方法の検討が重要です。

2　税負担に対する対策

　現経営者が後継者に株式を生前贈与するか遺言により相続させる場合、後継者に贈与税、相続税の負担が生じるため、事前の対策が必要です。

　(1)　暦年課税贈与

　年間110万円の基礎控除を利用して生前贈与を継続する方法です。

　基礎控除額を超えると累進課税となり、税額も高額となるので、株式の評価額が高い場合には、株式の生前贈与のために利用することは困難です。

　(2)　相続時精算課税贈与

　贈与者が60歳以上の父母又は祖父母で、受贈者が18歳以上かつ贈与者の推定相続人である子又は孫に該当する場合に、受贈者がこの制度を選択することにより、受贈額累積2,500万円までは特別控除により贈与税が課税されないこととなりますが、これを超えると税率が一律20％となります。また、相続発生時に、受贈額が相続財産に加算されて相続税が計算されます。

　(3)　相続税・贈与税の納税猶予・免除制度

　一定の要件を満たす中小企業は、一定の手続をとると、いわゆる事業承継税制として、相続税及び贈与税の納税猶予・免除制度を利用できます。

　(4)　退職金の利用

　被相続人の死亡退職金を相続した全ての相続人の取得退職金合計額が非課税限度額（500万円×法定相続人数）の枠内であれば課税されません。

3　債務・保証・担保の承継

　中小企業の場合、現経営者が金融機関から個人で借入れをして借入金を会社に貸し付けている場合や、現経営者が金融機関に対して会社の債務を連帯保証している場合や、現経営者が所有する不動産等を担保提供したりしている場合が多くあります。事業承継に当たり、これらの事項について適切な対応を行わないと、事業承継後も現経営者が債務や担保を負担し続けることになったり、現経営者の相続発生時に相続人間で当該債務の負担者について争いが生じたりすることになります。事業承継と共に現経営者の債務、保証、担保も後継者に承継させる必要があります。

　なお、「経営者保証に関するガイドライン」と「事業承継時に焦点を当てた『経営者保証に関するガイドライン』の特則」では、金融機関が現経営者と後継者との双方と保証契約を締結することを原則として禁止するほか、以下のような点に対応がされている会社には、金融機関が後継者への個人保証を求めないこと等を要請しています。会社が求められる対応は、①会社と経営者との資産、経理（家計）等の関係を明確に区分・分離すること、②キャッシュフローを確保し、十分な内部留保を確保することなどにより会社の財政基盤を強化すること、③会社として会社の財務状況を正確に把握し、金融機関等に対する適時適切な情報開示等により経営の透明性を確保することです。

4　資金調達

　事業承継を行うに当たって会社で多額の資金が必要となることが多くあります。また、後継者が現経営者から株式を買い取るための資金や現経営者の株式の承継にかかる贈与税・相続税等を負担することになります。

　経営承継円滑化法14条は、後継者が経済産業大臣の認定を受けて株式会社日本政策金融公庫から現経営者からの株式買取代金等の資金の融資を受けることを認めています。

　事業承継では、円滑な資金調達を行うため、取引金融機関等の間で事業承継計画や課題や資金ニーズについての認識を共有することが重要です。

【46】　親族内承継における経営権の集中

　現経営者の推定相続人としては、妻、長男、二男、長女がいます。長男が後継者となる予定です。後継者に経営を引き継ぐに当たり、どのような点に注意すべきでしょうか。

相談対応の ポイント	◇売買、生前贈与、遺言等により、後継者に株式を集約できるように事前に対策をすることが必要です。 ◇推定相続人の遺留分への配慮が必要です。

1　株式の集約方法

　通常、経営者は会社の株主でもありますので、現経営者が後継者に経営権だけを引き継いだとしても、現経営者が死亡したときには、現経営者が保有していた株式について相続が発生し、推定相続人全員に分散してしまいます。そうすると、株主総会の運営等をはじめとする株主管理コストが増加しますし、株式の買取請求がなされた場合には会社の資金流出が生じ得ます。設例の場合、法定相続分に従うと、後継者が現経営者の保有持分の6分の1の株式しか承継できず、他の相続人が反対すると円滑な経営が遂行できません。

　そのため、事業承継に当たり、現経営者が後継者に株式を集約させることが重要です。その方法を以下にまとめます。

方法	説　明	迅速性	安定性	税負担	ポイント
売買	現経営者が生前に後継者に株式を売却する方法	○	○	現経営者が譲渡所得税を負担	後継者に買取資金の負担が発生、遺留分の制約なし
生前贈与	現経営者が後継者に株式を生前贈与する方法	○	○	後継者が贈与税を負担	遺留分の制約あり
遺言	現経営者の遺言により後継者が現経営者の株式を取得する方法	×	△	後継者が相続税を負担	現経営者が撤回する可能性あり、遺留分の制約あり

2　遺留分対策

　現経営者が生前贈与や遺言により後継者に会社株式を取得させる場合、設例の場合、現経営者の妻には、現経営者の債務も含めた総遺産の評価額に相続開始前10年以内の生計の資本としての生前贈与の額を加算した額の4分の1、現経営者の二男、長女にはその12分の1の遺留分があります。現経営者はこれを考慮して後継者に対する生前贈与、遺言をする必要があります。

　なお、経営承継円滑化法によれば、一定期間事業を継続している非上場の中小企業（中小承継3①）の現経営者が後継者に対してする会社株式の生前贈与の際、以下の①又は②又はその両方の合意（中小承継4①一・二）をし、③の合意（中小承継4④）をし、経済産業大臣の確認（中小承継7）を受け、家庭裁判所の許可（中小承継8）を受けた場合には、現経営者の推定相続人の遺留分侵害額請求権を制約することができます。

①　後継者が現経営者からの贈与により取得した会社株式の全部又は一部の価額を、遺留分を算定するための財産の価額に算入しない旨の合意（除外合意）

②　後継者が現経営者からの贈与により取得した会社株式の全部又は一部についての遺留分を算定するための財産の価額に算入すべき価額を、弁護士、公認会計士、税理士等が相当な価額として証明した当該合意時における価額とする旨の合意（固定合意）

③　後継者が①、②の合意の対象とした株式を処分する行為をした場合又は現経営者生存中に後継者が会社代表者として経営に従事しなくなった場合に後継者以外の推定相続人がとることができる措置に関する定め

3　株券発行会社の注意点

　事業承継をする会社が株券発行会社である場合、後継者に対する株式の売買や贈与の効力発生要件として、株券の交付が必要となります（会社128①）。株券の交付をせずに売買、贈与をしたい場合は、あらかじめ、株主総会決議により定款を変更し、株券不発行会社に変更することが必要です。

【47】　親族内承継における税務

　息子に経営を引き継ぐ予定ですが、当社の経営が順調であるため、税理士から、相続税における株式の評価が高額になる、と言われています。どのような対応策があるでしょうか。

相談対応の ポイント	◇会社規模区分の引上げを検討しましょう。 ◇類似業種比準価額の引下げを検討しましょう。 ◇純資産価額の引下げを検討しましょう。

1　非上場株式の評価方法

　現経営者が親族後継者に会社株式を承継し、贈与税、相続税が発生する場合の株式の評価方法は、「財産評価基本通達」に定められている原則的評価方式により評価されます。同通達は、会社を、業種、従業員数、純資産額、直近1年の取引金額などによって、大会社、中会社、小会社に分けています（評基通178）。そして、大会社の株式は類似業種比準価額方式、小会社の株式は純資産価額方式、中会社の株式はこれらを併用する方式（類似業種比準価額×L＋純資産価額×（1−L）で計算される金額で評価し、Lは規模に応じて0.9、0.75、0.6のいずれかの数字）で評価することとされます（評基通179）。

　このうちの、類似業種比準価額方式は、類似業種の上場会社の株価を基に、評価する会社の1株当たりの配当金額、利益金額及び純資産価額（簿価）の3つで比準して評価する方法です（評基通180）。具体的な算出式は、

　　「上場企業の業種別平均株価×（b／B＋c／C＋d／D）÷3×斟酌率」

という計算式です。b、c、dには評価会社の1株当たりの配当金額、利益金額、純資産金額をあてはめ、B、C、Dは類似業種上場企業の1株当たりの配当金額、利益金額、純資産金額をあてはめます。斟酌率は、大会社が0.7、中会社が0.6、小会社が0.5とされています。

2　会社規模区分の引上げ

　一般的に類似業種比準価額は純資産価額よりも低額となる傾向があります。株式の評価を低額にするために、会社規模区分を引き上げることが考えられます。卸売業や小売・サービス業の場合には、業種をそれら以外の業種に変更すること

が考えられますし、他に、従業員数を増やす、純資産価額を増加する、取引金額を増加するなどという方法があります。

3　類似業種比準価額の引下げ

(1)　業種の変更

類似業種比準価額の業種の判定は会社の総収入のうちの50%以上を占める業種により判定されます。業種別株価がより低くなる業種になるように、取引形態を変更することや、組織再編をすること等が考えられます。

(2)　配当金額の引下げ

類似業種比準価額の計算式上の「1株当たりの配当金額」は、会社の剰余金の配当金額を基準として算出されます。そこで、普通配当を中止して、記念配当や特別配当を実施したり、役員報酬を増額すること等が考えられます。

(3)　利益（課税所得）の圧縮

不良債権の損失計上、不良在庫の評価減、廃棄損の計上、不要な資産の除却・売却・評価減、特別償却が取れる設備投資、高収益部門の分社化・不採算部門の合併等により利益（課税所得）を圧縮することが考えられます。

(4)　簿価純資産の圧縮

利益積立金の取崩し後の配当の実施、自己株式の取得等が考えられます。

4　純資産価額の引下げ

以下のようなことが考えられます。

① 　資産を購入せず、オペレーティング・リースを利用する方法

② 　含み損がある資産を売却する方法

③ 　解約返戻金の率が当初は低いタイプの生命保険契約を締結する方法

④ 　評価差額が大きい賃貸不動産などを購入する方法

不動産の相続税評価は時価の6～7割となります。

※取得後3年は相続税上も時価により評価されるため注意が必要です。

⑤ 　流動性、利回りの高い不動産を賃貸する方法

賃貸不動産は借家権割合と賃貸割合により減価して評価されます。

【48】　企業内承継の問題

　役員の一人を後継者にしようと考えていますが、どのような方法があるでしょうか。

相談対応の ポイント	◇後継者にふさわしい人物を選定するか、いないのであれば育成します。 ◇株式等を取得するための資金を調達します。 ◇後継者が株式を取得する必要がありますが、株式が分散することを防止しなければなりません。 ◇現経営者による個人保証や担保の処理が問題となりやすいです。

1　後継者を選定、育成する

　親族という属性から候補者が絞られる親族内承継とは異なり、役員の一人を後継者にする場合、その人物が後継者としてふさわしいかどうかが決定的に重要となってきます。後継者を選定する際は、他の従業員や取引先、メインバンク等の金融機関からの人望が厚い人物かどうか、経営者としての資質を有しているかどうか、現経営者の相続人の理解を得られる人物かどうか、といった見地からふさわしい人選をするよう意識しなければなりません。

　また、現段階ではいまだふさわしい人物がいないような場合でも、優秀な人物に早くから目を付けて、後継者の候補として育成することも考えられます。具体的には、①将来の経営者としての知見を広げるべく社内の幅広い業務を経験させる、②後継者塾や経営者の会合等に積極的に参加させる、③社内の重要なプロジェクトに参画させる、などがあり得るでしょう。また、このような後継者育成のための取組を通じて、他の従業員や取引先、金融機関等からの信頼を集めることも期待できます。

2　資金を調達する

　後継者が承継した事業の経営を安定させるためには、一定数の株式や事業用資産を取得する必要があるところ、それらの取得は有償譲渡によることが多いです。すなわち、事業を承継する後継者は、株式や事業用資産を取得するだけの資金を

用意しなければならず、それゆえ資金調達の成否が非常に重要な問題として顕在化しやすく、役員による事業承継の障害となり得ます。

　役員による事業承継の場合、①金融機関から資金を借り入れる、②後継者となる役員の役員報酬を引き上げる、③経営承継円滑化法に基づく金融支援、保証支援を利用する、④株式や事業用資産の購入代金を分割払いにする旨合意する、などの手法を用いて資金不足への手当てをしなければなりません。

3　株式の分散を防止する

　会社の株式を後継者に集中させることができれば、後継者の経営権は安定的なものとなります。しかし、現経営者が死亡し、相続によって会社の株式が分散してしまうと、後継者による経営が不安定なものとなるリスクがあります。そこで、現経営者が生きているうちの対策として、①後継者に対して株式を生前贈与する、②遺言により株式を承継させる（遺贈）、③信託を活用する、④議決権がない株式（無議決権株式）を発行して後継者以外の株主に保有させる、⑤後継者が持株会社を設立し、金融機関からの融資金を基に株式を買い取る、など種々の方法が考えられます。他方、株式が分散してしまった場合の対策としては、㋐資金を調達して分散した株式を買い取るほか、㋑相続人等に対する株式売渡請求を行う（会社174以下）、㋒所在不明株主の株式を処分する（会社197）、㋓株式併合（会社180）による端数処理を行って少数株主を締め出す、などの方法で株式を集中させることが考えられます。

4　債務、保証及び担保等の承継に対応する

　資金調達に占める金融機関からの借入金が多い会社では、現経営者が個人保証をしたり、個人資産を担保に供したりしているケースが少なくありません。役員に事業を承継させるのであれば、事前に会社の債務を圧縮したり、後継者の報酬等を増額したりして、後継者の保証能力を高めるべきでしょう。

　金融機関は、経営者が交代したからといって前経営者の保証をそのまま解除することはなく、加えて後継者も連帯保証人に加わるよう要求することが多いです。現経営者としては、会社の債務を圧縮するよう尽力するほか、金融機関との粘り強い交渉を経て信頼を獲得し、現経営者の個人保証や担保の解除にかかる債権者の同意を得るべく活動する必要があります。

【49】　企業内承継における後継者への経営資源の集中

　役員の一人に経営を引き継ぐ場合、経営権や事業用資産を承継する方法としてはどのようなものがあるでしょうか。

相談対応の ポイント	◇後継者には株式を買い取るだけの資金に乏しいケースが多いものの、種類株式やMBO等の手法を活用することで経営権や事業用資産を承継することができます。

1　種類株式の活用

　株式会社は内容の異なる2以上の種類の株式を発行することができます（会社108①）。役員の一人を後継者としたい場合、そのうち(1)議決権制限種類株式、(2)拒否権付種類株式、(3)取得条項付種類株式を利用することで、議決権をコントロールしたり、後継者への一時的な事業承継を実現したりと、現経営者（及びその親族）と後継者との間における利害の調整を図ることができます。

(1)　議決権制限種類株式とは、株主総会の全部又は一部の事項について議決権を行使することができない株式をいいます。これを用いて、例えば、親族が保有する株式を完全無議決権株式とし、後継者が保有する株式を議決権普通株式とします。これにより、現経営者らが株式を保有しつつ、後継者に経営権を集中させることができるようになるのです。

(2)　拒否権付種類株式とは、株主総会又は取締役会において決議すべき事項の全部又は一部について、その決議のほかに当該種類の株式の種類株主を構成員とする種類株主総会の決議を必要とする旨の定款の定めのある株式をいいます。その利用方法として、例えば、後継者に経営権を取得させた上で現経営者らに拒否権付種類株式を保有させることで、一定の重要事項については現経営者らの影響力を残したまま事業の承継を図ることができます。

(3)　取得条項付種類株式とは、一定の事由が生じたことを条件として会社が当該株式を取得することができる株式をいいます。例えば、役員の一人を「一時的な」後継者としておきたいようなケースにおいて、当該後継者には取得条項付種類株式を保有させておけば、然るべきタイミングで会社が当該株式を取得して後継者の任を解く、といった設計が可能となります。

2　MBO（Management Buy-Out：マネジメント・バイ・アウト）

　MBOとは、会社の経営陣（マネジメント）が株式を取得して経営権を取得する手法をいいます。MBOには大きく分けて、(1)自ら資金を調達する方法と(2)SPC（Special Purpose Company：特定目的会社）を主体として資金を調達する方法があります。以下、それぞれの方法について解説します。

(1)　自ら資金を調達する方法

　後継者は、自己資金や金融機関からの借入金を利用して株式を買い取るための資金を調達し、その資金をもって株式を買い取ることで経営者の地位に就くことができます。金融機関から資金を調達した場合の返済については、後継者の役員報酬や配当金をあてることが想定されています。

　金融機関からの借入れ以外にも、経営承継円滑化法は、経済産業大臣の認定を前提として、株式会社日本政策金融公庫が後継者個人の株式取得資金を低利で融資する制度や、信用保証協会が事業承継にかかる資金について通常の保証枠とは別枠の信用保証を行う制度を設けており、これらの制度による支援を受けることも考えられます。ほかにも、株式会社商工組合中央金庫の事業承継支援貸付や中小企業基盤整備機構の小規模企業共済制度といった貸付制度を利用することもできます。

(2)　SPCを利用する方法

　後継者が株式を取得するための受け皿となる会社（SPC）を設立し、そのSPCを主体として資金を調達する方法があります。後継者が自ら調達した資金をSPCに出資した上で、SPCがその収益力を背景に金融機関やファンド等から資金を調達し、それらの資金を用いて現経営者から株式を買い取るのです。この方法による場合、金融機関からの借入金に対する返済には、主にSPCが受け取る配当金をあてることになります。

　その派生手法として、SPCが株式全部を買い取って対象会社を完全子会社化した上で、SPCと当該会社を吸収合併する方法もあります。吸収合併した場合、事業の収益から借入金を直接返済することができますから、借入金金利を経費とすれば税務上のメリットを享受することができる点で優れています。

【50】　社外への引継の方法

　経営の承継が必要となっていますが、身内にも社内にも後継者候補がいません。どのような方法が考えられますか。

相談対応の ポイント	◇後継者不在の場合、事業を社外の第三者に引き継ぐためにM＆Aを実行することが考えられ、それには株式や事業を譲渡するほか、複数の方法があります。

1　第三者承継としてのM＆A（総論）

　事業を承継する後継者の候補が不在である場合、「後継者人材バンク」事業を活用して、起業を志す個人に経営を引き継ぐ方法のほか、会社の事業を親族や従業員等以外の第三者に売却する方法（当該第三者からみれば買収（M＆A））があります。M＆Aの手法も複数あり、それぞれの意義を理解し、自社のニーズに沿った手法を選択することが重要です。事業承継にかかるM＆Aとしては①株式の譲渡又は②事業の譲渡が代表的ですが、その他も含めた各手法については下記（各論）において解説します。

2　第三者承継にかかるM＆Aの手法（各論）

（1）　株式譲渡

　自社の株主が保有している株式の全部又は少なくとも支配権を確保するのに十分な数だけ他者に譲渡する方法（子会社化）です。具体的には、株式の任意の譲渡（売却）のほか、株主総会の承認等により既存の株式会社の100％子会社となる「株式交換」や、株式会社が他の株式会社をその子会社とするために当該他の株式会社の株式を譲り受け、その対価として当該株式会社の株式を交付する「株式交付」などがあります。

　これらの方法による株式譲渡では、会社の株主及び現経営者が他者に切り替わる（子会社化）のみであり、雇用関係その他契約関係、許認可等に変動は生じませんので、事業承継後もスムーズに事業を継続させることができます。一般論として、株式譲渡によるM＆Aは売り手企業の財務状況が良い場合に好まれ、簿外債務等の存在が疑われるような会社では、買い手がこれらを含めて承継することを懸念するので適しません。

（2）　事業譲渡

　自社が有する事業の全部又は一部を譲渡する方法です。ここにいう「事業」とは、一定の営業目的のために組織化され、有機的一体として機能する財産の全部又は重要な一部をいい（判例）、具体的には、事業を成立させる上で必要な工場や機械等のほか、ノウハウ、知的財産権、顧客等も含まれます。

　事業譲渡では、雇用関係その他契約関係、許認可等を引き継ぐことはできず、一つ一つ個別に同意を取り付けて切り替える必要があり、手続が煩雑になる傾向があります。他方、事業の一部の譲渡によれば、買い手がつきやすい事業を選別したり、現経営者が手元に残しておきたい事業を選別したりすることができる点で柔軟性が高いといえます。株式譲渡や合併等に比して投資リスクが抑えられる事業譲渡は、売り手企業の財務状況が悪く、株式の譲渡によるM＆Aでは買い手が付きにくいケースにおいても利用することができますが、そのようなケースにおいては事業承継後の売り手企業の債務整理についても並行して検討しておくとよいでしょう。

（3）　吸収合併

　2つ以上の会社を契約によって1つの会社に合体する方法です。合併が行われると、会社の全資産、従業員等は買い手企業（存続会社）に移転します。合併の対価を当該企業の株式とした場合、現経営者はその株式を取得することになりますので、依然として会社経営から完全に離脱することができず、別途株式の譲渡等によって事業承継を完了させる必要があります。

（4）　会社分割

　1つの会社を2つ以上の会社に分ける方法です。事業譲渡が事業に関する資産等を移転する特定承継であるのに対し、会社分割は、事業に関する資産や権利義務等を包括承継する組織再編行為です。分割された事業の雇用は労働契約承継法（会社分割に伴う労働契約の承継等に関する法律）の保護を受けることができ、その他契約関係もそのまま移転することができる上、許認可についても移転できるものがあります。会社分割は、様々なニーズに応じて分割する事業を選別できるという点で柔軟性が高いといえますが、分割後も残された事業は存続しますから、分割後に清算を行うなど別途処理を講じて事業承継を完了させる必要があります。

【51】　M＆Aを行う場合の留意点

事業承継の手法としてM＆Aを実施する場合、どのような点に注意が必要でしょうか。

相談対応のポイント	◇M＆Aを成功に導くポイントは、早期の準備と秘密保持の徹底です。 ◇自社の魅力を整理して打ち出し、不備等があれば是正し、M＆A後の経営体制まで想定しておきましょう。

1　早期に動き出し、機を逸しないこと

　事業承継の手法としてM＆Aを選択するのであれば、広く候補者を外部に求めることができる反面、希望する買い手を見付けるために一定の時間を要することを認識しておく必要があります。M＆Aは、業績が順調な時点であれば余裕をもって交渉に臨むことができ、複数の買い手候補者を検討したり、場合によっては候補者らを競わせたり、条件を吟味する余裕もあったりと自社に有利な内容で成約できる可能性も高まります。他方、業績が芳しくなく資金にも乏しい段階では、交渉力が弱くなり、自社にとって不利な内容でも受け入れざるを得ない状況に陥りかねません。また、早期に動き出すことにより、国の運営する「事業引継ぎ支援センター」の相談やマッチング支援等を受けたり、民間のM＆A仲介業者のサービスを利用したりする余裕も生まれます。経営者は、事業を承継すべき後継者が親族内や社内にいないことが現実的になった時点、あるいは後継者の候補がいる場合であっても、プランBとしてM＆Aの可能性を想定しつつ事業承継のプランニングをしておくと安心です。

2　秘密保持を徹底すること

　M＆Aを進めるに当たって最も大切なことは、秘密を厳守し、情報の漏えいを防ぐことです。外部の人間はもちろん、社内の人間のみならず親戚や友人に対してもM＆Aに関する情報は基本的に秘した上で、知らせる時期や内容については十分慎重になるべきです。もし必要に応じて情報を開示する場合でも、信頼できる少数の人間に限ることとし、情報漏えいのリスクを最小限にとどめなければなりません。また、M＆Aの仲介業者やアドバイザーにマッチングを依頼する際に

会社の存続にかかる情報を開示することになるので、秘密保持に関する契約（NDA、CDA）を締結することでリスクを最小限に抑えるべきです。

3　その他準備すべきこと

(1)　会社のアピールポイントの明確化

会社の強みを明確にして承継者候補に打ち出すことは、自社の魅力をアピールし、買い手候補から高い評価を得るための準備として重要です。特に外部から見え難い無形資産、例えばノウハウ、ブランド力、企業カルチャー、顧客等はアピールポイントとして整理しておくと武器になるでしょう。

(2)　会社の「磨き上げ」

M＆Aを有利に進めるためには、買い手に対してどれだけ良い条件を提示できるかが大きく、自社の現状を多角的に調査し、把握した上で、事業等にかかる不備等があれば是正し、業績を安定させる「磨き上げ」が重要です。

(3)　DD（Due Diligence：デューデリジェンス）

DDとは、買い手が法務、税務、財務等の専門家に依頼して行う売り手企業の精査をいいます。DDは売り手企業にとっても資料の準備やQ＆Aに対する回答の用意等大きな負担となりますが、十分なDDを期して法務、税務、財務等の面からリスクを洗い出すことは、承継後のトラブルリスクを回避して円滑な事業の継続を図る上で重要ですので、売り手側としても円滑なDDの実施のために積極的に協力する必要があるといえます。

(4)　権利関係の整理、集約

株式を譲渡する段階で権利関係が不明確であることは障害となり得ますから、権利関係を確定し、これを証拠化しておくとよいでしょう。また、分散した株式は買い取って経営者に集中させておき、会社の経営権をスムーズに承継できるよう準備しておくとよいでしょう。

(5)　M＆A後の経営体制を想定しておくこと

M＆Aはその実行が目的となってはならず、その後いかにシナジーを最大化していくか、という視点が重要です。そこで、会社の現経営者がM＆A実施後にも一定期間は顧問等として会社に残ったり、承継先の経営に参画したりするなどの形で、承継先における人と財産の承継が円滑に進むよう手腕を発揮する余地を残しておくとよいでしょう。

【52】　事業承継の実施前のリスクへの対応

　　現在、経営の承継の準備を進めていますが、この間に認知症により判断能力を
欠くに至った場合等のリスクにはどのように備えればよいでしょうか。

相談対応の ポイント	◇任意後見契約の締結を検討しましょう。 ◇信託の利用を検討しましょう。 ◇非公開会社では株式の属人的定めも利用できます。

1　任意後見契約の締結

　　現経営者が判断能力を喪失した場合に後継者に経営を承継する方法として、現
経営者と後継者等との間で任意後見契約を締結する方法が考えられます。任意後
見契約の内容としては、現経営者の事理弁識能力が不十分になった場合に、現経
営者の株式等の財産の管理に関する事務等を任意後見人（後継者等）に委託し、
その委託に係る事務について代理権を付与する契約とする必要があり（任意後見2
一）、その契約を公正証書によってなす必要があります（任意後見3）。公正証書によ
り任意後見契約を締結すると、公証人の嘱託により、その事実は東京法務局が管
理する「後見登記等ファイル」に記録されます。任意後見契約の効力が発生する
のは、現経営者の事理弁識能力が不十分となって、申立てにより、任意後見監督
人が選任されたときです（任意後見2一）。

　　契約上で、事業承継の方針について明示しておくことで、現経営者の事理弁識
能力が不十分となった場合にも、任意後見人により、連続した事業承継を図るこ
とが可能となります。

2　信託の利用

(1)　遺言代用型信託

　　認知症対策として、下図のようなスキームの信託契約を締結することが考えら
れます。受託者に対する株式の委託により株式の議決権も移転してしまいますの
で、現経営者の判断能力が衰える前は、現経営者に議決権行使指図権を設定して
おき、判断能力低下時には、議決権行使指図権を後継者に移転する契約とするこ
とも可能です。下図のスキームの場合、信託契約締結時には譲渡税は発生せず（所

基通13−5(1))、受益権移転時に相続税が課税されます（相続税法9の2③）。事業承継税制は利用できません。

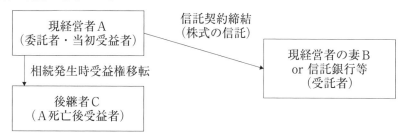

受託者を親族とする場合と信託銀行等とする場合の違いは、信託銀行等とする方が、受託者の死亡等のリスクがない分のスキームの安定性や事務の確実性があるといえますが、信託報酬が必要となりますし、スキームについて監督官庁等からの監督があるため、柔軟性はやや劣る面があるといえます。

　なお、株式を信託するに当たっては、株主名簿に信託財産に属する旨の記載又は記録が必要となることには注意が必要です（会社154の2①）。

(2)　跡継ぎ遺贈型受益者連続信託

　信託契約を締結する場合、後継者死亡後の手当てをすることもできます（信託法91）。(1)の図のスキームをとった上で、後継者Cの死亡後にはその後の後継者Dに受益権を移転する旨の契約とすること等が可能です。

3　株式の属人的定め

　非公開会社では株式の属人的定め（会社109②・105①三）を設けることができます。現経営者が保有する株式を1株だけ残してその余を後継者に生前贈与し、定款で、現経営者が保有する1株の株式について、現経営者が株主である限りはその株式の議決権を100個等の大きな議決権とする旨を定めた上で、現経営者が後見開始の審判を受けた場合には、当該株式の議決権は1個となる旨も定めておく方法等が考えられます。

【53】　コピー商品（不正競争防止法）

　弊社は、衣料品を製造販売している会社ですが、インターネットで弊社の製品のコピーと思われる商品が売られています。この商品の販売を差し止めることはできますか。また、コピー商品を販売している会社に対する損害賠償請求はできるでしょうか。

相談対応の ポイント	◇商品を実際に確認します。 ◇「模倣」といえるか等を確認します。 ◇販売後の期間を確認します。

1　形態模倣行為（不正競争2①三）

　(1)　はじめに

　不正競争防止法2条1項3号は、他人の商品の形態を模倣した商品を譲渡等する行為を不正競争行為と規定しており、差止請求・廃棄請求（不正競争3）や損害賠償請求（不正競争4）が可能です。なお、当該商品の機能を確保するために不可欠な形態は除かれます。

　同号は他人の商品形態を完全に模倣（デッドコピー）する行為を禁止することで商品化のためのコストをかけた者の利益を保護する趣旨です。

　(2)　「商品の形態」

　「商品の形態」とは、「需要者が通常の用法に従った使用に際して知覚によって認識することができる商品の外部及び内部の形状並びにその形状に結合した模様、色彩、光沢及び質感」（不正競争2④）のことです。

　(3)　「模倣」

　ア　「模倣する」とは、他人の商品の形態に「依拠」して、これと「実質的に同一」の形態の商品を作り出すこと（不正競争2⑤）です。

　イ　具体的には、「客観的には、他人の商品と作り出された商品を対比して観察した場合に、形態が同一であるか実質的に同一といえる程に酷似していることを要し、主観的には、当該他人の商品形態を知り、これを形態が同一であるか実質的に同一といえる程に酷似した形態の商品と客観的に評価される形態の商品を作り出すことを認識していること」を要します。「作り出された商品の形態が既に存在する他人の商品の形態と相違するところ

があっても、その相違がわずかな改変に基づくものであって、酷似しているものと評価できるような場合には、実質的に同一の形態であるというべきであるが、当該改変の着想の難易、改変の内容・程度、改変による形態的効果等を総合的に判断して、当該改変によって相応の形態上の特徴がもたらされ、既に存在する他人の商品の形態と酷似しているものと評価できないような場合には、実質的に同一の形態とはいえない」ものと解されています（東京高判平10・2・26知財集30・1・65）。また、「実質的に同一」の形態の場合には、「依拠」したことが推認されやすくなると考えられます。

　(4)　ありふれた形態

商品全体の形態が同種の商品と比べて何の特徴もないありふれた形態である場合には、保護されないものと解されます（東京地判平24・12・25判時2192・122）。

　(5)　適用除外

日本国内において最初に販売された日から起算して3年を経過した商品（不正競争19①五イ）については、不正競争防止法2条1項3号に当たりません。

また、善意無重過失の譲受人（不正競争19①五ロ）も不正競争防止法2条1項3号に当たりません。

2　不正競争防止法以外の場合

　(1)　意匠法による場合

商品形態が意匠登録されている場合には、意匠権侵害を理由に差止請求や損害賠償請求が可能です。

　(2)　著作権法による場合

商品形態を「美術の著作物」として著作権法上の保護を受けると解することも考えられますが、形態が著作物と解されるハードルはそれほど低いものではないと解されます（大阪地判平元・3・8無体集21・1・93）。

第6章

【54】　周知性（不正競争防止法）

　弊社の製品は、地元では有名ですが、全国的に有名ではありません。ところが、弊社の製品と全く同じ製品が、全国展開をしている企業によって販売されるようになりました。この企業に対して、どのような対応をすればよいでしょうか。

相談対応の ポイント	◇周知性については一地方の認識でも足ります。 ◇立証方法を工夫する必要があります。

1　混同惹起行為（不正競争2①一）とは

　混同惹起行為とは、①「他人の商品等表示（人の業務に係る氏名、商号、商標、標章、商品の容器若しくは包装その他の商品又は営業を表示するものをいう。）として」、②「需要者の間に広く認識されているものと」、③「同一若しくは類似の商品等表示を使用し、又はその商品等表示を使用した商品を譲渡し、引き渡し、譲渡若しくは引渡しのために展示し、輸出し、輸入し、若しくは電気通信回線を通じて提供して」、④「他人の商品又は営業と混同を生じさせる行為」のことをいいます（不正競争2①一）。

2　「需要者の間に広く認識されているもの」（周知性）とは

(1)　周知性の地理的範囲

　ア　周知性の地理的範囲は、日本全国にわたって広く認識されていることを要せず、一地方において広く認識されていれば足ります。

　　例えば、京王自動車事件（東京高判平11・10・28（平9(ネ)2081））では、グループ会社である京王電鉄株式会社が国内においても有数の私鉄の一つであり、鉄道事業が東京都心部と三多摩地区とを結ぶ重要な交通機関の一つであること等を理由に、「少なくとも京王電鉄株式会社の鉄道路線が走る地域を中心とする三多摩地区においてはよく知られている」と判示されています。

　　また、カラオケ館事件（東京地判平16・5・28（平15(ワ)2984））では、営業年数、営業規模、店舗数に照らして、「首都圏少なくとも東京都、埼玉県及び神奈川県湾岸地域においては、原告の営業であることを示す営業等表示として需要者の間に認識されている」と判示されています。

　　イ　差止請求が認められるには、自己が周知性を有している範囲のみで認め
　　　られます。そのため、本件のように地元では有名だが、全国的には有名で
　　　はないという場合、差止請求も当該地元で周知性を有している範囲で認め
　　　られることになります。
(2)　周知性の基準時期
　差止請求をするためには、商品表示は、①差止請求については事実審の口頭弁
論終結時、②損害賠償の請求については損害賠償請求の対象とされている類似の
商品表示の使用等をした各時点において周知性を備えている必要があります（最
判昭63・7・19民集42・6・489）。
(3)　周知性の獲得
　周知性を獲得するに当たっては、自らの使用した結果である必要はありません。
アメックス事件（最判平5・12・16判タ835・148）は、「営業主体がこれを使用ないし宣
伝した結果、当該営業主体の営業であることを示す表示として広く認識されるに
至った表示だけでなく、第三者により特定の営業主体の営業であることを示すと
して用いられ、右表示として広く認識されるに至ったものも含まれるものと解す
る」と判示しています。
(4)　周知性の立証方法
　　ア　周知性の判断要素としては、独自性、表示の使用期間、使用頻度、使用
　　　地域、営業規模、取引形態、販売量、宣伝広告の期間・回数・地域等が考
　　　えられます。
　　イ　周知性を立証するためには、売上金額、シェア、販売期間、販売地域な
　　　どの販売状況、広告媒体、広告回数、広告費用などの宣伝広告の状況、新
　　　聞や雑誌等の記事での紹介状況、アンケート調査結果などが考えられます。
　　　もっとも、アンケート調査については、調査方法、調査対象等にもよるた
　　　め、裁判例では消極的に捉えられることも少なくないようです。

【55】 営業秘密（不正競争防止法）

　弊社の営業上の秘密について、競業会社が利用していることを突き止めました。営業秘密の不正使用についてはどのような対応をすべきでしょうか。また、営業秘密の管理方法があれば教えてください。

相談対応の ポイント	◇秘密管理性等の要件を満たしているかどうかの確認が必要です。 ◇不正使用が発覚した場合には初動が重要です。 ◇情報ごとに管理方法を検討する必要があります。

1　営業秘密（不正競争2⑥）とは

（1）営業秘密の要件

　「営業秘密」とは、「秘密として管理されている生産方法、販売方法その他の事業活動に有用な技術上又は営業上の情報であって、公然と知られていないものをいう。」とされています（不正競争2⑥）。

　そのため、営業秘密の要件は、①秘密管理性、②有用性、③非公知性です。

（2）秘密管理性

　秘密管理性とは、秘密として管理されていることです。

　秘密管理性が認められるためには、「営業秘密保有企業の秘密管理意思が秘密管理措置によって従業員等に対して明確に示され、当該秘密管理意思に対する従業員等の認識可能性が確保される必要がある」とされています。「具体的に必要な秘密管理措置の内容・程度は、企業の規模、業態、従業員の職務、情報の性質その他の事情の如何によって異なる」ものなので、「従業員がそれを一般的に、かつ容易に認識できる程度のものである必要がある。」（経済産業省「営業秘密管理指針」平成15年1月30日）とされています。

（3）有用性

　有用性の要件は、客観的に事業活動にとって有用であれば足ります。そのため、通常、秘密管理性や非公知性の要件を満たす場合には、有用性が認められることが多いと解されます。

（4）非公知性

　非公知性とは、営業秘密が一般的に知られた状態になっていない状態又は容易

に知ることができない状態のことです。具体的には、営業秘密が合理的な努力の範囲内で入手可能な刊行物に記載されていないことなど一般的に入手できない状態のことです（前掲「営業秘密管理指針」）。

2　営業秘密の不正使用に対する対応

営業秘密の不正使用が発覚した場合には、速やかな初動対応が重要です。

事実関係を具体的に調査し、被害状況を検証し、具体的状況に応じて、被害が拡大しないように対応するとともに、証拠を確保しなければなりません。

特に、証拠が電子データの場合には、消失・改変しやすいため、迅速に保全することが必要です。デジタルフォレンジックに関する専門的な業者に依頼することを検討する必要があります。

その上で、損害賠償請求（不正競争4）、差止請求・廃棄請求（不正競争3）等を検討する必要があります。

3　営業秘密の管理方法

会社の中には、重要な情報とそうではない情報が混在しています。

そのため、営業秘密管理体制を構築するための第一歩は、会社で有する情報のうち、どの情報が重要であり、どの情報が重要でないのかを区分し、そのことを従業員らに対して知らしめることです。具体的には、①保有する情報を把握し、どれが秘密情報なのかを決定した上で、②秘密情報を部外秘、社外秘などと分類し、③秘密情報の分類に応じて対策を選択し、④営業秘密管理規程等でルール化することが重要です。また、テレワークを行っている企業等においては、テレワーク時の営業秘密管理に関する社内ルールの見直しも必要です。

【56】　損害額の推定

　不正競争防止法に違反した行為を行った相手に賠償請求をする場合、損害額は
どのように算定されますか。

相談対応の ポイント	◇当該不正競争行為の類型（不正競争2①一～二十二）を特定します。 ◇特定された類型を対象とする損害額算定規定（不正競争5①～③） 　を把握します。 ◇算定に必要な数量・金額の立証を検討します。

1　はじめに

　不正競争行為により営業上の利益を侵害した者に対して損害賠償請求（不正競
争4）をする場合、特に経済活動を通じて発生する損害額の立証は困難であること
に鑑み、不正競争防止法は、3種類の損害額算定規定（不正競争5①～③）を設け、被
侵害者の立証負担を軽減しています。

2　侵害者の譲渡等数量を基準にする算定方法（不正競争5①）

　周知な商品等表示の混同惹起（不正競争2①一）、著名な商品等表示の冒用（不正競
争2①二）、他人の商品の形態の模倣品提供（不正競争2①三）、営業秘密のうち技術情
報に係る侵害（不正競争2①四～十）、限定提供データに係る不正行為（不正競争2①十一
～十六）、代理人等の商標冒用行為（不正競争2①二十二）といった行為によって営業
上の利益を侵害された者は、侵害者が譲渡した物の数量に、被侵害者がその侵害
がなければ販売できた物の単位数量当たりの利益額を乗じた額を、被侵害者のそ
の商品の販売等の能力に応じた額を超えない限度において、損害の額とすること
ができます。ただし、譲渡数量の全部又は一部を被侵害者が販売できない事情が
あるときは、当該事情に相当する数量に応じた額は控除されます（不正競争5①）。

> 「損害額」＝「侵害者の譲渡等数量」×「被侵害者の単位数量当たりの利益」（≦被侵
> 　　　　害者の販売能力）－「侵害者の譲渡等数量のうち、被侵害者が販売等を
> 　　　　行えない事情にかかる数量の利益額」

　例えば、侵害者が1,000個の形態模倣をした商品を販売し、被侵害者の1個当た

りの利益額が5,000円だとすれば、被侵害者の損害額は500万円とされます。もっとも、市場における競合品・代替品の存在、侵害者の販売力や営業努力、侵害製品のデザインや機能の優位性が存在するなどの事情があれば、不正競争防止法5条1項ただし書に該当し、減額される可能性があります。

3　侵害者の利益額を基準にする算定方法（不正競争5②）

　侵害者が不正競争行為によって利益を受けた場合、当該利益額が、被侵害者の損害額と推定されます（不正競争5②）。本条項は、他の条項と異なり、対象となる不正競争行為類型に限定はありません。

　しかし、本条項は推定規定ですので、商品の価格差や需要者の違い、侵害商品の購買力が独自の要素に起因することなどを理由として推定が覆される可能性があります。

「損害額」＝「侵害者が不正競争行為により受けた利益額」

　例えば、不正競争行為者が2,000万円の利益をあげていれば、被侵害者は2,000万円の損害を受けたものと推定されます。

4　被侵害者の使用許諾料を基準にする算定方法（不正競争5③）

　周知な商品等表示の混同惹起（不正競争2①一）、著名な商品等表示の冒用（不正競争2①二）、他人の商品の形態の模倣品提供（不正競争2①三）、営業秘密に係る侵害（不正競争2①四～九）、限定提供データに係る不正行為（不正競争2①十一～十六）、ドメインネームの不正取得等（不正競争2①十九）、代理人等の商標冒用行為（不正競争2①二十二）といった行為によって営業上の利益を侵害された者は、侵害者に対し、使用許諾（ライセンス）料に相当する額を損害額として請求できます（不正競争5③）。

「損害額」＝「使用許諾料相当額」

　例えば、侵害者の売上が5,000万円で、当該形態のライセンス料率の相場が売上高の6％であれば、300万円が被侵害者の損害とすることができます。

　なお、本条項の使用許諾相当額は、被侵害者が被った損害の最低限の額とされ、当該金額を超える損害賠償の請求を妨げません（不正競争5④）。

【57】　著作権

　著名な絵画を使って、絵画の中の人物が自社商品を身に付けている広告を作りたいと考えています。このような広告を作ることに、法的な問題はありますか。

相談対応の ポイント	◇原作品の著作権の有無を確認します。 ◇「複製」や「翻案」の該当性を検討します。 ◇「引用」として許容されるか検討します。 ◇著作者人格権の侵害可能性を検討します。

1　著作権の保護期間

　原作品の著作権が、著作者が創作した時点から著作者の死後70年という保護期間（著作51〜58）の満了により消滅している場合、原作品は、著作権法上は誰もが自由に利用できます。

　以下では、紙面の都合上、原作品の著作権の存在を前提に、著作権法上の問題点について検討します。

2　複製（著作21）・翻案（著作27）

　原作品の著作権者の複製権（著作21）や翻案権（著作27）を侵害する場合、原則として、著作権者の許諾が必要となります（著作63）。

　(1)　複製権について

　本件において、当該広告が、原作品に依拠し、その内容及び形式を覚知させるに足りるものを再製している場合（最判昭53・9・7民集32・6・1145）、複製権（著作21）の侵害となり、原作品の著作者の許諾が必要です。

　(2)　翻案権について

　本件において、当該広告が、原作品に依拠し、原作品の表現上の本質的な特徴の同一性を維持しつつ、具体的表現に修正、増減、変更等を加え、既存の著作物の表現上の本質的な特徴を直接感得することのできる別の著作物を創作したものであれば（最判平13・6・28民集55・4・837）、原作品の翻案（著作27）に該当し、原作品の著作者の許諾が必要です。その場合、原作品の翻案により創作された当該広告は二次的著作物（著作2①十一）に該当するため、相談者が著作権法21条から27条までに規定された行為を行う場合、各行為につき原作品の著作者の許諾が必要となります（著作28）。

3　引用（著作32①）

　著作権法には著作権を制限する規定があり（著作30〜47）、本件でも、著作物の「引用」（著作32①）に該当すれば、著作権者の許諾なく原作品を使用することができます。

　著作権法上、「引用」に該当するためには、①公表された著作物を使用していること、②「公正な慣行」に合致すること、③報道、批評、研究その他の引用の目的上「正当な範囲内」で行われること、が必要です（著作32①）。

　なお、旧著作権法下の最高裁判例は、④明瞭区分性や⑤主従関係が必要としましたが（最判昭55・3・28判時967・45）、近時は、著作権法32条1項の「公正な慣行」「正当な範囲内」といった文言に則して、利用の目的、方法や態様、利用される著作物の種類や性質、著作権者に及ぼす影響の有無・程度などを総合考慮する裁判例もあり（知財高判平22・10・13判時2092・135）、これらの考慮要素について検討しておく必要があります。

　なお、著作物を「引用」する場合、出所と著作者名を明示する必要があることに注意を要します（著作48①一・②）。

4　著作者人格権（著作20①・113⑪）

　著作権法上の問題点を検討する際には、著作権侵害の有無という財産的側面の観点とは別に、著作者人格権の侵害の有無も検討を要します。たとえ著作権が法律上制限される場合でも、著作者人格権は制限されません（著作50）。

　本件において、特に上記2の翻案権侵害が成立するケースでは、著作者人格権の1つである同一性保持権（著作20）の侵害に当たる可能性があります。

　また、当該広告の表現内容や利用態様が、原作品の著作者の名誉又は声望を害すると判断された場合、著作者人格権の侵害とみなされます（著作113⑪）。

　なお、著作者人格権は一身専属・譲渡不可能（著作59）ですが、著作者の没後も、著作者が存しているとしたならばその著作者人格権の侵害となるべき行為は禁止される（著作60）点にも注意が必要です。

【58】　特許権侵害の警告書に対する対応

　競業会社から、突然、弊社がこの競業会社の特許権を侵害しているとして警告書が送付されてきました。弊社は競業会社の特許権侵害はしていないのですが、どのような対応をとるべきでしょうか。この警告書が、弊社の取引先にまで配布されて信用を棄損されている場合はどのような対応が考えられますか。

相談対応の ポイント	◇侵害の成否を検討して、警告書に対応します。 ◇非侵害の場合は、その旨回答し、第三者にも警告されていたときは、警告の中止を求めます。

1　警告書への対応

　特許権の侵害訴訟では、①充足論と②無効論について争われます。特許権者の特許発明の技術的範囲に被疑侵害者の製品等が含まれ（①）、かつ、当該特許が無効とされなければ（②）、他に抗弁が認められない限り侵害が成立します。この判断枠組をふまえて、以下の各事項を検討すべきです（条文は特許法）。以下の検討は、弁理士や、特許に詳しい弁護士と共に行うことを推奨します。

（1）　警告の根拠とされている特許発明

　そもそも、どの特許権のどの請求項に記載された特許発明に基づく警告であるかが不明であれば、警告者に問い質すべきです。特許が実在するかは、特許庁のウェブサイト（J-PlatPat）で確認できます（出願されたに留まり、いまだ登録されていないこともあり得ます。）。特許が登録されていたとしても、特許権者や請求項は登録後の手続で変動し得るので、警告時点での特許権者や請求項を、特許庁の特許登録原簿やウェブサイトで確認すべきです。

（2）　①充足論、②無効論、その他の抗弁

　警告の対象とされた貴社製品等が、特許発明の技術的範囲に本当に含まれているか（①）、特許に無効理由（進歩性欠如（特許29②・123①二・104の3①）等）がないか（②）、その他の抗弁は主張立証できないか（貴社が先使用権（特許79）を有していないか等）を検討します。

（3）　侵害の成否に応じた対応

　侵害が成立するおそれが高ければ、対象製品等の設計変更や販売中止等により侵害を回避することは可能か、これが難しければ、特許権者から特許権の譲渡又

はライセンスを受けることが可能かを検討します（逆に警告者の製品等が貴社の特許権を侵害していないかも、検討することが望ましいです。侵害していれば、クロスライセンスを提案できます。）。侵害が成立しない（非侵害である）と判断できれば、対象製品等が特許権を侵害しない旨回答します。また、必要に応じ、後述するように、営業誹謗行為の中止を求めます。

2　営業誹謗行為（信用棄損行為）への対応

　不正競争防止法2条1項は、「不正競争」の一つに、「競争関係にある他人の営業上の信用を害する虚偽の事実を告知し、又は流布する行為」（不正競争2①二十一）（営業誹謗行為）を挙げています。そして、「不正競争」によって営業上の利益を侵害された者は、差止請求（不正競争3）（「侵害されるおそれがある者」も可能）や損害賠償請求（不正競争4）を行うことができます。

　相談事例の場合、この競業会社の警告は上述の営業誹謗行為に当たることになります。この場合、貴社はこの競業会社に、当該警告は「不正競争」であるから中止せよと、逆に警告すること（それでも中止されなければ、上述の差止請求や損害賠償請求を、裁判で行うこと）が考えられます。

3　（参考）第三者への侵害警告を行う場合の注意

　相談事例で、逆に、侵害警告を第三者に対して行ったのが貴社であった場合、貴社は法的責任を負うでしょうか。この点につき、最近の裁判例には、諸般の事情に照らして、特許権者の権利行使を不必要に萎縮させるおそれの有無や、営業上の信用を害される競業者の利益を総合的に考慮し、警告行為に違法性がないか、特許権者に過失がないといえる場合は、特許権者は法的責任を負わないとするものも多々みられます（東京高判平14・8・29判時1807・128、知財高判平23・2・24判時2138・107等）。侵害警告を行う場合は、社会通念上著しく不相当な態様で警告を行わない、非侵害でないことにつき可能な調査を尽くす等して、貴社が法的責任を負わないよう努めるべきです。

【59】　職務発明

　職務上発明がなされた場合、その発明は会社の発明としてよいのでしょうか。また発明の対価はどのように決まることになりますか。

相談対応の ポイント	◇特許を受ける権利の帰属や「相当の利益」の内容を、職務発明規程（の改定）により定めます。

1　特許を受ける権利の帰属

　「職務発明」とは、その性質上使用者等（例：貴社）の業務範囲に属し、かつ、その発明をするに至った行為がその使用者等における従業者等（例：貴社の従業員）の現在又は過去の職務に属する発明です（特許35①）。

　従業者等がした職務発明に係る特許を受ける権利は、原則としてその従業者等に帰属するため（以下「従業者原始帰属」といいます。）、その職務発明について使用者等が特許出願を行うには、その従業者等から特許を受ける権利を承継する必要があります（特許49七・123①六参照）。

　ただし、平成27年改正により、契約、勤務規則その他の定め（例：貴社の職務発明規程）においてあらかじめ使用者等に特許を受ける権利を取得させることを定めたときは、その特許を受ける権利はその発生時から使用者等に帰属する（以下「使用者原始帰属」といいます。）と定められました（特許35③）。

　職務発明規程（又は、これに相当する社内規則）を有する企業では、従業者原始帰属から使用者原始帰属に改める場合は、職務発明規程を改定する必要があります。法改正を機に、後述する「相当の利益」の算定基準と併せて職務発明規程を改定する企業も多いようです。

2　「相当の利益」の算定基準

　従業者等は、自らの職務発明に係る特許を受ける権利が使用者等に帰属したとき、「相当の金銭その他の経済上の利益」（「相当の利益」）を受ける権利を有します（特許35④、特許法第35条第6項の指針（ガイドライン）（平28経産告131）第3一も参照）。職務発明規程で「相当の利益」の額の算定基準を定める場合には、使用者等と従業者等との間で行われる協議の状況、策定されたその算定基準の開示の状況、相当の利益の内容の決定について行われる従業者等からの意見の聴取の状況等を考慮

して、その算定基準により相当の利益を与えることが不合理であると認められるものであってはなりません（特許35⑤）。

　職務発明規程を改定する際は、少なくとも、上述の協議、開示、意見の聴取の各手続の状況が、不合理性を否定する方向に働くように注意すべきです。多くの企業では、出願時や登録時に一定額の報償を支払い、特許権による収入が生じた場合は、その額に応じた実績報償を別途支払うと、算定基準で定めているようです。実績報償の額が著しく低いと、実体的観点から算定基準が不合理であるとされるリスクもあると考えられます。

　算定基準が不合理であると認められる場合には、「相当の利益」の内容は、その発明により使用者等が受けるべき利益の額、その発明に関連して使用者等が行う負担、貢献及び従業者等の処遇その他の事情を考慮して定められます（特許35⑦）。裁判例では、次の計算式が用いられています。

> 相当の利益　＝　①独占の利益　×　②特許発明の寄与率　×　③従業者等の貢献度

　①は、特許発明を使用者等が他者に実施許諾した場合の実施料相当額です。使用者等が自ら特許製品を販売し売上を得た場合は、次式で与えられます。

①独占の利益　＝　㋐超過売上　×　㋑仮想実施料率

　㋐は、特許製品の売上のうち、特許権が他者の実施を排除したことにより得られた分です。特許製品の売上の40％ないし50％の値を認定する裁判例が少なくありません。㋑は、その業界の一般的な実施料率に基づき決定されます。

　②は、その製品に用いられている他の特許発明と比較して決定されます。

　③は、（1－㋒使用者等の貢献度）で与えられます（複数発明者による共同発明の場合は、更に、全発明者のうち、その従業者等の寄与率を乗じた値となります。）。㋒は、90％以上の値を認定する裁判例が少なくありません。

【60】　意匠・デザイン

自社でキャラクターを作成した場合、どのように保護されますか。

相談対応の ポイント	◇著作権法、商標法、意匠法、不正競争防止法といった関連法令の適用対象・手続の流れを整理します。 ◇キャラクターの利用目的や利用態様を検討します。 ◇当該利用目的・態様に沿う権利保護を選択します。

1　キャラクターの著作物性
(1)　キャラクターの概念

著作権法で保護される著作物とは、「思想又は感情を創作的に表現したものであつて、文芸、学術、美術又は音楽の範囲に属するもの」(著作2①一)をいうところ、最高裁は、「キャラクターといわれるものは、漫画の具体的表現から昇華した登場人物の人格ともいうべき抽象的概念であって、具体的表現そのものではなく、それ自体が思想又は感情を創作的に表現したものということができない」(最判平9・7・17民集51・6・2714)としています。

したがって、キャラクターそのものは著作物に当たらず、具体的な表現を保護する著作権法では保護することはできません。

(2)　キャラクターがビジュアル化された場合

一般に、キャラクターとしての特徴の多くは絵や図柄によって表されます。

本件でも、自社のオリジナルなキャラクターの姿態や容貌をパンフレット等で表す場合、そのパンフレットのそれぞれの絵や図柄自体は、美術の著作物(著作10①四)として著作権法で保護されますので、キャラクターもその限度で著作権法上保護されることになります。

(3)　著作権法上の手続

著作権法においては、著作権は著作物の創作時から自動的に取得され、何ら登録や届出等の手続をする必要はありません(著作51①・17②)。保護期間は著作者が創作した時点から著作者の死後70年です(著作51〜58)。

2　商標登録

本件において、当該キャラクターに名前を付ける場合、一般的に著作権法の保護はキャラクターの名前には及びませんので、その名前を商標登録しておくこと

が考えられます。

　「商標」とは、「人の知覚によつて認識することができるもののうち、文字、図形、記号、立体的形状若しくは色彩又はこれらの結合、音その他政令で定めるもの」であって、商品やサービスについて出所表示等として使用するものをいい（商標2①）、特許庁に対し所定の手続によって出願し、審査後拒絶されなければ登録料を納付し、登録されることによって、当該登録商標を設定登録後10年間（更新可）独占的に使用することができます（商標3・5・19等）。

　商標登録では、商品区分ごとに登録手続を行う必要がありますが、多数の商品区分に登録すると登録費用がかさむため、通常は、商品化を考えている分野にのみ商標出願を行います。

3　意匠登録

　意匠登録は、当該キャラクターをぬいぐるみ等に形態化して量産販売するような場合に有意義です。

　「意匠」とは、「物品（部分を含む。）の形状、模様若しくは色彩若しくはこれらの結合、建築物（部分を含む。）の形状等又は画像（略）であつて、視覚を通じて美感を起こさせるもの」（意匠2①）をいい、工業上利用することができる意匠の創作で、新規性・創作非容易性があれば、特許庁に対し所定の手続によって意匠出願を行い、審査後拒絶されなければ登録料を納付することで、出願後25年間（意匠21）の意匠登録を受けることができます（意匠3）。

　意匠出願の場合も商標と同様、当該キャラクターを使用する物品ごとに出願する必要があります。

4　不正競争防止法による保護

　将来、キャラクターが周知され、多くの人が「このキャラクターといえばこの会社の商品」等と認識し、「このキャラクターが付いているから」購入するといった購買行動に発展した場合、当該キャラクターは出所識別機能や顧客吸引力を持つ「商品等表示」として、不正競争防止法で保護されます（不正競争2①一・二）。

　物品ごとの出願・登録は不要で、意匠法のように新規性も要求されません。

【61】 ライセンス契約

ライセンス契約を締結する場合の注意点について教えてください。

相談対応の ポイント	◇ライセンスの対象の特定等に注意すべきです。 ◇実施料の支払方式の定め等に注意すべきです。

1 ライセンス契約とは

ライセンス契約とは、①特許権等の知的財産権や、ノウハウ等の知的財産を有する一方当事者（ライセンサー）が、これを用いて製品の製造販売等を行うことを、他方当事者（ライセンシー）に許諾すること（ライセンス）、②その対価（実施料）をライセンシーがライセンサーに支払うことを定める契約です。

2 ライセンス契約固有の主な注意点

以下、特許及びノウハウに関して、主な注意点を挙げます。

(1) ①ライセンスに関して

ア ライセンスの対象となる特許等の特定

特許は、特許公報に記載された特許番号で特定可能です（ライセンシーは、契約締結時に誰が特許権者であるかを、特許庁の特許登録原簿で確認すべきです。）。ノウハウは公開されていないため、契約書の別紙等に内容を記載して特定することになります（ライセンシーの秘密保持義務、目的外使用禁止を定めることも必要です。）。特定が不十分だと、ライセンシーがどの発明や技術を用いてよいかが明らかでなく、紛争の種となります。分割出願がされている場合は、その取扱いも定めることが望ましいです。

イ ライセンスの種類

特許には、専用実施権の設定（特許77）と通常実施権の許諾（特許78）があります。後者の場合、ライセンサーが第三者に許諾しない「独占的通常実施権」と、許諾できる「非独占的通常実施権」のいずれを採るか、また、ライセンシーによる第三者への通常実施権の許諾（「サブライセンス」）を許すか否かを、契約で定めることができます（ノウハウも同様です。）。

ウ ライセンスの範囲

例えば、㋐内容、㋑時期、㋒地域を特定し、ライセンスの範囲を明確にすべき

です（例：「○年○月○日から本件特許権の存続期間満了日まで（⑦）、日本国内
において（⑦）、製品○○の製造及び販売（⑦）を行う通常実施権を許諾する。」）。
販売数量を制限する等して範囲を限定する場合は、独占禁止法に違反しないかに
ついても注意が必要です（公正取引委員会「知的財産の利用に関する独占禁止法上の指針」
も参照）。

（2）　②実施料の支払に関して

　ア　実施料の支払方式

大別して、定額支払方式と、出来高に応じた支払方式があり、契約で定めるこ
とができます。前者は、ある決まった時期に定額を支払う方式です（例：契約締
結時から一定期間内に支払う（「イニシャルフィー」、「一時金」）。）。後者は、ライ
センシーが得た売上等に応じた額を継続的に支払う方式です（「ランニングロイ
ヤルティ」）。両者の併用もよく行われます。

　イ　実施料率等

後者の場合、実施料率を何％とするか、正しく実施料が支払われるための規定
を設けるか（売上等の報告義務をライセンシーに課す、ライセンサーが帳簿を調
査できるようにする等）といった点に注意が必要です。

3　ひな形についての注意

ライセンス契約書のひな形は、独立行政法人工業所有権情報・研修館（INPIT）
のウェブサイト等、いろいろな場所で提供されています。ただし、このウェブサ
イトの注意書にもあるとおり、ひな形は「自社のビジネスモデルに照らして適正
であるか、契約目的を達成する内容となっているか等を十分に検討の上、必要な
修正を加えた上で」使うべきものである点、ご注意ください。

【62】　知的財産取引における独占禁止法上の問題

　弊社は大企業で、中小企業であるＡ社と共同研究を行おうとしています。Ａ社が全ての技術を提供し、弊社は研究資金を提供します。弊社の経済的支援があって初めて研究成果が得られるのですから、当然、研究成果に関する特許権は全て弊社に帰属すると、Ａ社との共同研究契約で定めたいと考えています。何か問題はありますか。

相談対応の ポイント	◇単なる資金の提供者は、発明者ではありません。 ◇知的財産取引にも独占禁止法が適用され得ます。 ◇貴社の行為が優越的地位の濫用に当たるとされ、独占禁止法に 　違反するおそれがあります。

1　はじめに：知的財産取引における不適正な取引慣行

　大企業と中小企業の間の取引において、両者が対等な関係にない、不適正な取引慣行の存在が指摘されており、知的財産が関わる取引（知的財産取引）も例外ではありません。知的財産取引の契約には、ライセンス契約（【61】参照）のみならず、秘密保持契約（NDA）、共同研究契約、製造委託契約等も含まれますが、各々の契約に関し、不適正な取引慣行の存在が問題視されています。

2　誰が発明者に当たるのか

　特許を受ける権利を有する発明者（特許29①柱書）とは、発明の具体的な技術手段を完成させた者を指し、単なる資金の提供者は発明者となりません。相談事例では、研究成果に係る発明は全てＡ社の職務発明（発明者はＡ社従業員）となり、特許を受ける権利はＡ社に帰属すると考えられます（【59】参照）。貴社は資金の提供者に留まるため、特許を受ける権利を有しません。

3　知的財産取引における優越的地位の濫用

(1)　知的財産法と独占禁止法

　独占禁止法21条は、同法の規定は特許法等による「権利の行使と認められる行為」には適用しないと定めています。したがって、「権利の行使と認められる行為」に当たらない行為（そもそも権利の行使とはみられない行為、又は、外形上は権

利の行使とみられるが、行為の目的、態様、競争に与える影響の大きさも勘案した上で、知的財産制度の趣旨を逸脱し、又は同制度の目的に反すると認められる行為）には、同法の規定が適用されます。

（2）　優越的地位の濫用

優越的地位の濫用とは、自己の取引上の地位が相手方に優越している一方の当事者が、その地位を利用して、正常な商慣習に照らして不当に、取引の相手方に対して不利益を与える行為です（独禁2⑨五）。

設例のようなケースにおいては、優越的地位の濫用として問題となるおそれがあると考えます。

（3）　特許権の帰属に関してどのように定めるべきか

「スタートアップとの事業連携及びスタートアップへの出資に関する指針」（公正取引委員会・経済産業省、令和4年3月31日）は、「共同研究開発において期待される貢献（役割分担）について双方が共通認識を持ち、その貢献に応じて納得したリターンを設定した上で契約書を締結することが重要である」と述べます。なお、貴社が研究資金を提供している点に関して、上記指針は、研究開発の費用負担が直ちに成果物の知的財産権の帰属主体となることを正当化するものではない旨を特筆した上で、「通常、かかる知的財産権を発明者でない者が獲得するためには、別途それに見合った対価を支払う必要がある」と注意しています。

【63】　債権回収の一般的方法

取引先から、支払期限までに支払ができないと連絡が入りました。どのような
手段を講じればよいのでしょうか。

相談対応の ポイント	◇事前の保全措置をとっていればその内容を確認し、相殺や担保 　権の実行を検討します。 ◇仮差押手続、強制執行手続も検討します。

1　債権の保全又は債権回収

取引先から支払期限までに支払ができないとの連絡があった場合、債権の保全
として仮差押手続を、債権回収として相殺、担保権の実行や債権差押等の強制執
行手続を検討します。債権の保全又は債権回収の方法は事案によって多岐にわた
りますが、以下は主だったものにつき一般的、網羅的に触れます。

2　債権の保全

(1)　契約内容の確認

多くの会社が、突然の取引先の不払いに慌てないよう新規取引時に、また既存
顧客であっても継続的に与信管理（信用調査）をしています。

また、取引基本契約や売買契約を締結している会社は、その内容を確認し、債
権の保全・回収方法として何があるかを検討します。これら契約では、現金決済
としたり、支払サイトを短くしたりするほか、所有権留保の条項（買主の代金完
済までは売主は売買の目的物の所有権を留保する。）、債権譲渡禁止の条項（相互
に債権と債務の対立関係があり、相殺できるよう当該対立関係の維持が必要な場
合に、債権債務につき譲渡制限の意思表示をする。）、取引保証金を預かる旨の条
項、相殺の予約条項（一定の条件を満たしたときは相殺できる旨、又は当然に相
殺の効果が生じる旨）、期限の利益喪失条項（債務者に一定の信用不安事由が生じ
た場合には、期限の利益を喪失させることによって直ちに弁済や債務の履行をさ
せ、また相殺を可能とする。）・解除条項（同事由が生じた場合には当該契約を解
除できる、又は当然に解除となる。）などが設けられている例が多いでしょう。

物的担保（抵当権、質権、（集合）債権譲渡担保権の設定を受けます。）、人的担
保（保証人、連帯保証人）があるかも確認します。なお、個人保証人については、

一定の範囲で保護が図られていますので、【66】もご参照ください。

　(2)　仮差押手続

　取引先（債務者）を訴え、勝訴判決を得て強制執行し債権を回収するには一定程度の時間を要するため、早急に債権の保全が必要です。そこで取引先に資産(不動産、債権、動産など）がある場合は仮差押手続（民保20）を検討します。仮差押手続には被保全権利の存在と保全の必要性を疎明しなければなりません。【64】もご参照ください。

3　債権の回収

　(1)　相殺や契約条項に基づく債権回収

　取引先に対する債務があれば対当額での相殺が可能か否かを検討し（民505）、また上記契約条項に従って期限の利益を喪失させて相殺する、連帯保証人への請求、担保権の実行（担保権の実行としての競売）などを検討します。なお所有権留保条項に基づく商品等の引揚げは債務者の承諾を得るべきであり、自力救済にならないように注意が必要です。

　(2)　動産売買先取特権に基づく物上代位権の行使

　取引先との契約が動産売買である場合、動産売買先取特権に基づく物上代位権を行使できます。【67】もご参照ください。

　(3)　債務名義取得、強制執行手続

　取引先に訴えを提起して債務名義を取得した後、債務者の資産（不動産、債権、動産など）を差し押さえて回収を図ります（強制執行）。債務者の財産状況の調査は【70】を、強制執行手続は【71】を、債権が少額の場合は【72】をそれぞれご参照ください。

　(4)　破産申立て

　取引先（債務者）に対していわば包括的な強制執行として破産手続開始を申し立てること（債権者申立て）も考えられますが、予納金が高額となりがちであるなど難しい点もあります（【68】参照）。

【64】　仮差押え

　仮差押えを行う場合の注意点について教えてください。担保としてはどの程度の額が必要となるか、また、万が一、本案訴訟で敗訴した場合の問題についても教えてください。

相談対応のポイント	◇手続の緊急性と密行性や、仮差押えの対象は債務者への影響がより少ないものを選択することが求められます。 ◇担保の額は、債権仮差押えであれば請求債権の2割前後とされることが多いですが、事案によります。 ◇本案訴訟で債権者の敗訴が確定し、担保権利者（債務者）が損害賠償請求をしてきた場合には、原則として債権者の過失は推認されますが、「相当の事由」の有無などが争点となります。

1　仮差押命令とは

　民事保全の一つで、金銭の支払を目的とする債権について、強制執行をすることができなくなるおそれがあるとき、又は強制執行をするのに著しい困難を生ずるおそれがあるときに裁判所から発令されます（民保20①）。

2　仮差押申立ての注意点

(1)　緊急性と密行性

　債務者が責任財産を処分する前に（緊急性）、また債務者が債権者の仮差押申立ての準備を知れば責任財産を隠匿したり偽装譲渡したりする可能性もなくはありませんので秘密裏に（密行性）行う必要があります。

(2)　仮差押えの対象及びその選定

　仮差押えはあくまでも暫定的な処分であることから、その対象については実務上、債務者への影響がより少ないものを選択することが求められているため（販売事業用の不動産よりは債務者の自宅不動産、不動産と預貯金債権があれば不動産を優先するなど）事案に応じた調査、検討が必要です。

(3)　仮差押えの要件

　被保全権利の存在と保全の必要性を疎明しなければなりません（民保13）。例えば金銭消費貸借契約書などの契約書類、債務者に対する督促状、また事実経過や債務者の財産状況を説明した陳述書などでこれらを疎明します。

　(4)　債務名義を有する債権者による不動産仮差押えの可否

　保全の必要性に関連して、債務名義を有する債権者が債務者所有の不動産に対して仮差押えができるかにつき否定した裁判例（東京高決平20・4・25判タ1301・304）、肯定した裁判例（名古屋高決平20・10・14判時2038・54）があります。ただし、後者の裁判例も、仮差押えの被保全債権について債務名義が存在する場合には速やかに強制執行に着手できるのが通常であるから、原則として民事保全制度を利用する必要性は認められないとしつつ、債権者に速やかに強制執行を行うことができない特別の事情があって、債務者が強制執行が行われるまでの間に財産を隠匿等するなどして強制執行が不能又は困難となるおそれがあるときには仮差押えも認められるとするものです。

3　担　保

　(1)　担保の額の目安

　実務上、仮差押命令は担保を立てさせてから発令されます（民保14①）。担保の額は裁判所がその裁量によって定めるもので、債権仮差押えの場合は請求債権額の2割前後、不動産仮差押えの場合は目的物の価額を基準にその2割前後といわれています。ただし、被保全権利の内容・額、疎明の程度や対象物の種類など個別の事情によりますので、あくまでも目安とお考えください。

　(2)　担保取消し

　①担保の事由が消滅したことを証明したとき、②担保の取消しについて担保権利者の同意を得たことを証明したとき、③訴訟の完結後、裁判所が担保権利者に対し一定の期間内にその権利を行使すべき旨を催告し、担保権利者がその行使をしないときは担保取消決定がなされます（民保4②、民訴79）。

　(3)　本案訴訟で敗訴が確定した場合

　担保は違法、不当な保全処分の執行によって債務者が受けるであろう損害を担保するためです。そのため本案訴訟で債権者の敗訴が確定し、担保権利者（債務者）が債権者に対して損害賠償請求（権利行使）をしてきた場合には担保取消決定はなされず担保の返還はされません。

　最高裁昭和43年12月24日判決（民集22・13・3428）は、本案訴訟で原告敗訴の判決が確定した場合には、他に特段の事情のない限り、申請人において過失があったものと推認するのが相当であるが、右申請人においてその挙に出るについて相当な事由があった場合には同人に当然過失があったということはできない旨を判示しており、この「相当な事由」があったか否か、また具体的な損害の発生・額が争点となります。

【65】　詐害行為取消権

　当社は取引先に対して売掛金債権を有しているところ、その取引先が所有不動産を第三者に廉価で売却してしまい、しかも他に見るべき資産がなさそうです。どのような対応をとることが可能でしょうか。

相談対応の ポイント	◇詐害行為取消権の行使を検討します。 ◇受益者又は転得者から直接金銭の支払を受けたときは相殺により事実上の優先弁済を受けることも可能です。

1　詐害行為取消権とは

　債権者が、債務者が債権者を害することを知ってした行為の取消しを裁判所に請求することができる権利を詐害行為取消権といいます（民424）。

　例えば債務者がその所有する唯一の資産を第三者（受益者）に贈与や、不当廉売するなどあえてその責任財産を減少させ、債権者が十分な弁済を受けることを妨げた場合、債権者はかかる詐害行為を取り消すことで債務者の資力を維持、回復させることができます。この受益者がその資産を更に別の者（転得者）に移転させることもあり、その場合も請求できるか要件が定まっています。

2　詐害行為取消権の要件

　債務者に詐害行為及び詐害意思がある場合に債権者はこれを取り消すことができます（民424①本文）。ただし、受益者がその行為の時において債権者を害することを知らなかったときを除きます。

　民法ではいわゆる債権法改正時（平成29年法律44号）に従来の主要な判例の明文化のほか、破産法が定める否認権との調整が図られていますが（民424の2～424の4）、債務者の行為が詐害行為として取り消し得るものか否かはこれら条文や判例に照らし合わせ、個別事案に応じた綿密な検討が必要です。

3　詐害行為取消権の行使方法等

　(1)　詐害行為取消権の行使方法

　債権者は詐害行為取消請求において、債務者がした行為の取消しとともに、その行為によって受益者又は転得者に移転した財産の返還を請求することができ、

また受益者又は転得者がその財産の返還をすることが困難であるときは、その価額の償還を請求することができます（民426の6）。債権者が取り消し得るのは、債務者がした行為の目的が可分である場合、自己の債権の額の限度においてのみです（民424の8）。

（2）　債務者への訴訟告知

詐害行為取消請求に係る訴えの被告は受益者又は転得者ですが（民424の7①）、債務者に訴訟告知をする必要があります（民424の7②）。

（3）　債権者への支払又は引渡し

債権者は、受益者又は転得者に対して財産の返還を請求する場合において、その返還の請求が金銭の支払又は動産の引渡しを求めるものであるときは、受益者に対してその支払又は引渡しを、転得者に対してその引渡しを、自己に対してすることを求めることができます（民424の9）。したがって債権者は、受益者又は転得者から金銭の支払を受けた場合、債務者に対する当該金銭の返還債務と、債務者に対して有する金銭債権とを対当額で相殺することによって事実上の優先弁済を受けることも可能です。

4　詐害行為取消権行使の効果

詐害行為取消請求を認容する確定判決は、債務者及びその全ての債権者に対してもその効力を有するとされ（民425）、その場合、受益者は債務者に対し反対給付の返還請求が可能となり（民425の2）、又は受益者の債権が復活します（民425の3）。転得者についても手当てがなされています（民425の4）。

5　詐害行為取消権の期間の制限

詐害行為取消請求に係る訴えは、債務者が債権者を害することを知って行為をしたことを債権者が知った時から2年、また行為の時から10年を経過したときは提起することができません（民426）。これらはいずれも出訴期間の制限であり、消滅時効期間ではありませんので注意が必要です。

【66】　連帯保証

　契約締結の際に保証人を立てさせる場合、どのような点に注意すべきでしょうか。会社の代表者や、その親族に連帯保証人になってもらう場合の手続についても教えてください。

相談対応の ポイント	◇保証契約は書面でする必要があります。また個人根保証契約のときは必ず極度額を記載します。 ◇会社代表者の親族の場合は、その者が会社経営に関与しているかどうかを確認します。

1　保証契約の要式性

　保証契約は、保証人を保護するという観点から、書面でしなければその効力を生じないものとされています（民446②）。したがって、契約締結の際に保証人を立てる場合には、保証人に保証契約書に署名・押印してもらうことが必要です。

2　個人根保証契約

　一定の範囲に属する不特定の債務を主たる債務とする保証契約のことを根保証契約といいます（民465の2①）。

　根保証契約の保証人が個人の場合（個人根保証契約）、保証人は、主たる債務の元本、主たる債務に関する利息、違約金、損害賠償その他その債務に従たる全てのもの及びその保証債務について約定された違約金又は損害賠償の額について、その全部に係る極度額を限度として責任を負います（民465の2①）。個人根保証契約は、この極度額を定めなければ効力を生じないものとされています（民465の2②）。

3　事業に係る債務についての保証契約の特則（民465の6〜465の10）

(1)　公正証書による保証意思の確認

　会社が事業のために負担した金銭の貸渡し又は手形の割引を受けることによって負担する債務（これを「貸金等債務」といいます（民465の3①）。）については、特別の規定が設けられています。

　事業のために負担した貸金等債務を主債務とする保証契約又は主債務の範囲に事業のために負担する貸金等債務が含まれる根保証契約の保証人が個人の場合、契約締結日の前1か月以内に作成された公正証書で保証人になろうとする者が保証債務を履行する意思を表示していなければ、当該保証契約又は根保証契約は効力を生じないものとされています（民465の6）。

　もっとも、主債務者が法人である場合、保証人になろうとする者が法人の取締役や当該法人の支配権を有する株主であるときには、公正証書を作成する必要はありません（民465の9一・二）。また、主債務者が個人である場合、保証人となろうとする者が主債務者と共同して事業を行っているとき又は主債務者が行う事業に現に従事している主債務者の配偶者であるときには、公正証書を作成する必要はありません（民465の9③）。

　したがって、会社が事業のために負担した貸金等債務について、会社の代表者や会社の大株主である親族に連帯保証人になってもらう場合には、公正証書を作成する必要はありません。他方で、会社の代表者の親族が会社の経営に関与していない場合には、公正証書により保証意思を確認する必要があります。

（2）　契約締結時の情報提供義務

　主債務者は、個人に対して、事業のために負担する債務を主債務とする保証又は主債務の範囲に事業のために負担する債務が含まれる根保証の保証人になることを委託するときは、当該個人に対し、契約締結時に、①財産及び収支の状況、②主債務以外に負担している債務の有無並びにその額及び履行状況、③主債務の担保があるときはその内容について情報を提供しなければなりません（民465の10①）。主債務者がこれらの情報を提供しなかった場合や事実と異なる情報を提供したために保証人が上記①〜③について誤認をし、その誤認によって保証契約の意思表示をした場合、主債務者による情報の不提供や虚偽の情報提供につき債権者がこれを知り、又は知ることができたときは、保証人は保証契約を取り消すことができます（民465の10②）。

　会社の代表者は上記①〜③を把握しているでしょうが、代表者の親族が把握しているとは限りませんので、上記①〜③の内容について事実と異なる情報を提供したり、情報提供を怠ったりしていないかを確認しておく必要があります。

【67】　動産売買先取特権

動産売買先取特権について教えてください。

相談対応の ポイント	◇売買の目的物である動産の所在を確認します。 ◇物上代位権の行使に当たっては、売買の目的物である動産の同一性の証明が肝要となります。

1　動産売買先取特権とは

(1)　動産売買先取特権の内容

　動産売買先取特権とは、売主が買主に対して動産を売却した場合に、その動産の売買代金及び利息について、その動産から他の債権者に優先して弁済を受けることができる特別の法定担保物権のことをいいます（民321）。

　動産売買先取特権は、動産の所有権が買主に移転後、代金が支払われない場合に、売買の目的物である動産に対して成立するものです。売買の目的物である動産が売主の手元にある場合には同時履行の抗弁権（民533）や留置権（民295）を主張することができますので、動産売買先取特権が実益を有するのは目的物が買主に引き渡された場合といえるでしょう。

(2)　先取特権の性質

ア　優先弁済権

　先取特権者は、債務者の一定の財産を自ら競売することにより、優先的に弁済を受けることができます（民303）。

イ　物上代位権

　また先取特権者は、目的物の売却、賃貸、滅失又は損傷によって債務者が受けるべき金銭その他の物に対しても権利を行使することができます（民304）。このように金銭その他の代替物に対しても効力が及ぶ権利のことを物上代位権といいます。

　物上代位権は、目的物に代わる価値と同一性の認められる限りにおいて、代替物にも効力を及ぼすものです。ただし物上代位権は、物に代わる金銭の払渡し又は引渡しの前に差押えをしなければ行使することができません（民304①ただし書）。また、動産売買の先取特権者は、物上代位の目的債権が譲渡され、第三者に対する対抗要件が備えられた後は、目的債権を差し押さえて物上代位権を行使することはできないと解されています（最判平17・2・22判タ1175・140）。

2　動産売買先取特権行使の具体的場面

(1)　売却した動産が買主の手元にある場合

　売却した動産が買主の手元にある場合、売主である先取特権者は、自ら動産競売申立てを行うことができます。先取特権者は、目的物を競売後、競売代金から配当を受けて自らの売買代金債権の回収にあてることになります。

　動産を目的とする担保権の実行としての競売は、①債権者が執行官に対し当該動産を提出した場合、②債権者が執行官に対し当該動産の占有者が差押えを承諾することを証する文書を提出した場合、③担保権の存在を証する文書（売買契約書など）を裁判所に提出し、裁判所が当該担保権についての動産競売の開始を許可した場合に開始されます（民執190）。動産売買先取特権の行使に際しては、③の方法により裁判所の許可を得て、当該許可に基づき執行官が目的動産を差し押さえることにより競売手続が開始されることが一般的です。

(2)　売却した動産が第三者に転売されている場合

　売却した動産が第三者に転売されている場合、先取特権者は、債務者である買主が転売先の第三者から受領する売買代金債権について債権差押命令を申し立てることができます。債権差押命令を得た先取特権者は、転売先の第三者から直接売買代金を回収し自らの売買代金債権の回収にあてることになります。

　この手続は「担保権の存在を証する文書」を提出することで手続が開始されます（民執193）。この「担保権の存在を証する文書」とは、先取特権者の権利の存在を証する文書（先取特権者である売主と買主間の売買契約書など）に加えて、物上代位権の存在を証する文書（買主と転売先の売買契約書など）を意味します。また物上代位権の行使ですから、先取特権者が買主に売却した物と買主が転売先に売却した物が同一であることを証明する必要があります。こうした物上代位権の存在や物の同一性の証明（機械ならばメーカー名・機種名・製品番号等）は転売された後では容易ではなく、買主の転売先の協力がないと事実上難しい場合があります。

【68】　破産申立て

取引相手の会社が、債務の支払を履行しない場合に、相手方会社の破産申立てを行うことは可能でしょうか。その場合の効果と、問題点について教えてください。

相談対応のポイント	◇予納金等の費用が高額になる可能性があります。 ◇取引相手の会社の情報をどの程度収集できるかがポイントとなります。

1　債権者申立て

破産法は、「債権者又は債務者は、破産手続開始の申立てをすることができる。」と規定しており（破産18①）、債権者でも破産手続開始を申し立てることができます。このような申立てを債権者申立てといいます。

例えば、取引相手の会社が不当な財産処分を行って会社財産が流出している場合に、破産手続開始により財産の管理処分権を管財人に移行させることや当該財産処分行為が管財人により否認されることで会社財産の流出を防ぎ、債権者に分配する財産を確保することに意義があります。

2　破産手続開始の効果

自己破産申立てか債権者申立てかで破産手続の効果は変わりなく、またその内容は多岐にわたりますが、重要な効果として破産手続開始の決定（破産30）がされると破産者である法人・会社の財産は全て破産管財人が管理・処分することになり（破産78①）、破産者自身が自由に管理・処分することができなくなります。

また債権者は個別に訴訟を提起したり強制執行したりして自ら債権を回収することはできなくなり（破産100①）、破産手続において配当を受けるという方法によってのみ債権を回収することになります。もっとも、財団債権者及び別除権者は破産手続外で権利を行使することができます。

3　債権者申立ての問題点
(1)　予納金等費用の問題

債権者申立ての場合、債務者である取引相手の会社から資料の提供を受けたり

事情を聴取したりすることができません。そのため債権者申立てにおいては、申立段階において債務者の保有する資産の内容や金額が明らかではなく、破産管財人が行うべき事務の範囲や量の予測が難しいという問題があります。

　その結果、債務者自身が破産手続開始を申し立てる自己破産よりも予納金が高額になることが一般的です。なお債権者申立ての場合、申立債権者が納付した予納金、申立手数料、予納郵券は、破産債権者の共同の利益のためにする裁判上の費用に当たり（破産148①一）、破産管財人の活動によって破産財団がある程度形成できたときには、予納金が申立債権者に返還される可能性もあります。破産者の状況によっては配当が見込まれないか、甚だ不十分なことも多く、申立てをする意義に加え経済合理性の観点からの検討も必要といえます。

　(2)　申立時の問題点

　債権者が破産手続開始の申立てをするときは、その有する債権の存在及び破産手続開始の原因となる事実を疎明しなければなりません（破産18②）。債権者による濫用的な破産申立てを防止するためです。

　この「破産手続開始の原因となる事実」とは支払不能や債務超過の事実を指しますが、銀行取引停止処分などがあれば各別、債務者の協力が得られない中でこれらを疎明することは困難です。債務者が事業を廃止している（閉店など）、急に不当な廉価処分を行っている、複数他社にも多額の債務不履行が見られるなどの事象があれば丹念に資料を集める、信用調査会社のデータを利用するなどして資産・負債の状況を可能な限り調査することが考えられます。

　(3)　申立後の問題点

　債権者申立ての場合、実務上、申立債権者と債務者の双方に審尋が行われます。破産手続開始を阻止したい債務者は、破産手続開始の原因となる事実が存在しないとして争ってくることが考えられますので、自己破産と比べて破産手続開始決定が発令されるまでに時間がかかることも予想されます。

　また、仮に破産手続開始となっても、債務者において破産管財人の調査に対する協力姿勢が乏しい場合には資産の調査に困難を要し、終結までに時間がかかる可能性があります。

【69】　誤振込みと債権回収

取引先に支払をしたのですが、振込先を間違えてしまったことが分かりました。ところが、振込先の銀行は、個人情報であると言って、振込先の方の連絡先などを教えてくれません。どのようにしたらよいのでしょうか。

相談対応のポイント	◇誤振込みを行ってしまった場合、組戻し依頼を行います。 ◇受取人が同意せず組戻しが行われない場合、受取人に返還請求を行うことになりますので、その前提として必要な情報を得るために、振込先の銀行に情報開示を求めます。

1　振込みの法律関係

（1）　振込みの契約関係

振込みは基本的に、振込依頼人、仕向銀行（振込依頼を受ける銀行）、被仕向銀行（振り込まれた金銭を受領する側の銀行）及び受取人の4当事者間の関係になっています。

振込依頼人と仕向銀行、仕向銀行と被仕向銀行、被仕向銀行と受取人の間にはそれぞれ振込みに関し契約関係がありますが、振込依頼人と被仕向銀行、受取人と仕向銀行、振込依頼人と受取人の間には、振込みに関し契約関係がありません。

（2）　誤振込みに関する預金の成立

誤振込みが行われた場合、振込依頼人と受取人の間には振込みに関し契約関係はありませんが、振込依頼人と受取人の間に振込みの原因関係（振込依頼人と受取人との間の商取引等）はなくとも、被仕向銀行と受取人との間の普通預金契約は有効に成立し、受取人口座に入金された時点で受取人が被仕向銀行に対して預金債権が成立すると考えられています（最判平8・4・26民集50・5・1267）。

もっとも、受取人が誤振込であることを認識しながら被仕向銀行に対して払戻しを請求することが許されるわけではありません。

2　具体的対応

（1）　上記のような関係にあることから、誤振込みを行ってしまった場合、相談者（振込依頼人）としては振込先の銀行（被仕向銀行）に対して対応を求めるのではなく、自身の取引銀行（仕向銀行）に対して対応を求めることにな

ります。具体的には取引銀行に対して、誤振込みにより受取人に移転した金銭について相談者に返還するよう受取人に依頼することを求める、という組戻手続を行うことになります。

　この場合、受取人が振込先の銀行に対して預金債権を有することから、受取人の同意を得て初めて組戻しができることになります。そのため相談者から依頼を受けた取引銀行が、振込先の銀行に対し、受取人から同意を得てもらうよう依頼をすることになります。

(2)　振込先の銀行が同意を求めたにもかかわらず受取人が同意しない場合、組戻しによる回収はできません。よって相談者としては、受取人に対して不当利得返還請求権に基づき、誤って振り込んでしまった金銭の支払を求めていかなければならないことになります。

　ここで問題となるのは、口座番号を誤って記載したために誤振込みが行われた場合などは、相談者は、受取人の氏名や住所等の請求を行うに当たって必要となる情報を把握していないということです。取引銀行も、相談者が振込依頼書に記入した情報以外の情報は把握していません。したがって、これらの請求を行うに際して必要となる情報を振込先の銀行から得る必要があります。

　ここで振込先の銀行は預金契約等に基づき受取人に対する守秘義務を負っており、かかる照会に対し回答できるのかという問題は生じますが、この点については、相談者による開示要求が相当なものであると判断できる場合には、公益の観点から守秘義務が解除され、開示を行うことができると考えることも可能と考えられます。

【70】　財産開示

確定判決を得たので取立てをしたいが、相手方が「お金がない。」と言って支払わない場合、どのような対応をとることができますか。

相談対応のポイント	◇強制執行手続を検討します。密行性担保を考え、まずは相手方の財産を独自に調査すべきです。また第三者からの情報取得手続もあります。 ◇その他に財産開示手続もあります。

1　債務者の財産状況の調査

確定判決を得たにもかかわらず相手方が支払に応じない場合、強制執行により金銭の回収を行うことを検討します。金銭の回収を目的とする強制執行手続は不動産、債権（預貯金債権、売掛金債権など債務者が第三者に対して有する債権）、動産などを差し押さえることが典型ですから、まずは相手方の財産状況を調査します。具体的には相手方の本社・事業所所在地の不動産登記事項証明書の取得、契約書類に相手方の取引先銀行の記載はないか、相手方が第三者に売掛金債権を有していないかなどの調査であり、また弁護士に依頼して弁護士法23条の2に基づく照会（メガバンクへの全店照会、通信会社への電話料金引落口座の照会など）をすることも考えられます。債権回収に当たっては密行性が重要ですからまずは独自に調査すべきです。その他に相手方の有する財産に関する情報を取得するための手段としては財産開示手続や第三者からの情報取得手続があります。

2　財産開示手続

(1)　財産開示手続は、債務者自身にその財産情報を開示させる手続で、財産開示期日を指定して債務者等の開示義務者を呼び出し、開示義務者に、非公開の財産開示期日において、宣誓の上、期日の時点における債務者の財産について陳述をさせるものです。

(2)　申立てが行われると、①執行開始要件を備えていること（民執197①ただし書）、②強制執行等の不奏功又はその見込み（民執197①一・二・②一・二）、③再実施制限（申立ての日前3年以内に財産開示期日においてその財産について陳述をした債務者については、原則として、実施決定をすることができませ

ん（民執197③本文）。）、④執行障害事由がないこと（破産42⑥、民事再生法39①、会
社更生法50①等）、という実施決定の要件の判断が行われ、実施決定が行われる
と裁判所は、財産開示期日を指定し（民執198①）、財産目録提出期限を指定し
（民執規183①）、申立人及び開示義務者を同期日に呼び出します（民執198②）。

　　開示義務者が、呼出しを受けた財産開示期日において、正当な理由なく、
出頭せず又は宣誓を拒んだ場合や、宣誓をした開示義務者が正当な理由なく
陳述を拒み又は虚偽の陳述をした場合には、6か月以下の懲役又は50万円以
下の罰金という罰則が定められています（民執213①五・六）。

3　第三者からの情報取得手続

　債務者の財産状況の調査に関する制度の実効性を向上させるため、令和元年の
民事執行法の改正により新たに創設された手続です。
　(1)　第三者からの情報取得手続とは、債権者の申立てにより、裁判所が、債務
　　　者以外の第三者に対して、債務者の財産に係る情報の提供を命ずる旨の決定
　　　（情報提供命令）をし、情報提供命令を受けた第三者が、執行裁判所に対し、
　　　書面により当該情報を提供するという手続です。

　　　　情報取得手続の対象となる情報は、①不動産に係る情報、②給与債権に係
　　　る情報、③預貯金債権及び振替社債等に係る情報に大別されます。情報の種
　　　別に応じて、申立ての要件や情報提供を求めることができる第三者などが異
　　　なっています。
　(2)　申立てが行われると、裁判所は、要件が満たされているかどうかを審理し、
　　　第三者に情報提供を命ずる決定（情報提供命令）又は却下決定を行います。
　　　情報提供命令正本の送付を受けた第三者は、裁判所に対し、情報提供書によ
　　　り、提供を命じられた債務者の財産情報を提供しなければなりません。第三
　　　者から情報提供がされたときは、裁判所は、申立人に情報提供書の写しを送
　　　付します。

【71】　強制執行

強制執行を行う場合の手続方法、及びその注意点について教えてください。

相談対応の ポイント	◇強制執行は、金銭執行とそれ以外に大別できます。 ◇金銭執行には不動産執行、動産執行、債権執行などがあり、それぞれ手続が異なります。

1　強制執行

強制執行は執行力ある債務名義の正本に基づいて行われるもので、請求権が金銭債権である金銭執行とそれ以外の非金銭執行に大別されます。このうち金銭執行は、その対象物により換価手続が異なることから不動産執行（強制競売又は強制管理）、動産執行、債権・その他財産執行に分けられ、非金銭執行は不動産・動産の引渡（明渡）執行、代替的作為義務又は不作為義務違反による物理的障害物等の除去を目的とする代替執行、非代替的義務履行のための間接強制、意思表示擬制に分けられます。

以下では、金銭執行のうち不動産執行、動産執行、債権執行について、簡単に手続方法や注意点を説明します。

2　不動産執行

債権者は、不動産所在地を管轄する地方裁判所に対して不動産競売の申立てを行います（民執44①）。

競売開始決定・差押えがされた後、債権関係調査手続（配当要求の終期を定める処分、配当要求等、債権届出）及び権利関係調査手続（現況調査、評価）を経て売却基準価額が決定され、物件明細書が作成されると、それに基づいて売却手続が実施され、代金の納付がされた後に配当等がなされます。

3　動産執行

債権者は、動産が所在する場所を管轄する地方裁判所の執行官に対して申立てを行います（民執122①）。なお債権者は、動産執行申立ての時点で、差押えの対象となる動産を特定する必要はなく、差し押さえるべき動産が所在する場所を特定すれば足ります。

　申立てを受けた執行官が、動産が所在する場所において、債務者が占有する動産又は債権者若しくは提出を拒まない第三者が占有する動産を差し押さえ、換価が必要な動産については売却して換価し、その売却代金を債権者に交付するなどの方法によって弁済を行います。

4　債権執行（民執143〜）

　債権者は、債務者に対して有する債務名義に基づいて差押命令の申立てを行います。債権執行は債権者の金銭的満足を実現する手段であることから、その対象となる債権は独立財産性（それ自体独立して処分できるものでなければなりません。）、換価可能性（金銭的評価が可能であり、換価により債権者が金銭的満足を得られる可能性がなければなりません。）、譲渡可能性（法律上又は権利の性質上譲渡することができないものは債権執行の対象となりません。）、差押時に債務者の責任財産に属すること（原則として差押えの時点で存在し債務者の責任財産に属するものでなければなりません。）という性質等を有することが必要になります。

　執行裁判所により差押命令が発令されると、取立て若しくは転付命令等が行われ、又は第三債務者が供託をした場合には供託された事情が執行裁判所に届けられて配当等の手続が実施され、債権回収が図られます。

5　注意点

　申立書に記載すべき事項や添付すべき書類・部数が決まっているため、これらに漏れがないようにする必要があります。東京地裁の場合、民事執行センターのウェブサイトも参考になります。

【72】　少額債権の回収

債権額が非常に小さいのですが、どのような回収方法が考えられますか。

相談対応の ポイント	◇請求する金額が60万円以下の金銭請求事件については少額訴訟 　手続を利用することが考えられます。 ◇その場合、判決を得た上で、少額訴訟債権執行手続を利用する 　ことができます。

1　少額訴訟手続の概要

(1)　請求する金額が60万円以下の場合、少額訴訟手続（民訴368①）を利用することができます。これは訴額が少額の民事上の紛争について、紛争額に見合った時間・費用（経済的負担）・労力で効果的に紛争解決を図ることができるように、簡易・迅速な手続が定められたものです。

(2)　少額訴訟手続は、特別の事情がある場合を除き、原則として1回の口頭弁論期日に全ての審理を完了するものとされており、口頭弁論終結後、直ちに判決が言い渡されます。

　　そのため当事者は第1回口頭弁論期日において全ての攻撃防御方法を提出しなければならず、また証拠調べは即時に取り調べることができる証拠に限られています（民訴371）。そして少額訴訟手続においては、1期日審理を建前とすることから、反訴請求をすることはできません（民訴369）。

(3)　少額訴訟手続において裁判所は、請求を認容する判決をする場合、被告の資力その他の事情を考慮して特に必要があると認めるときは、判決言渡しの日から3年を超えない範囲内において、支払時期の定め（支払の猶予）や分割払いを命じることができ、これと併せて、その時期の定めに従って支払をしたとき、又はその分割払いの定めにより期限の利益を失うことなく支払をしたときは、訴え提起後の遅延損害金の支払義務を免除する旨の定めをすることができます（民訴375①）。

　　また、請求を認容する少額訴訟判決について裁判所は、職権で、担保を立てて又は立てないで仮執行をすることができることを宣言しなければなりません（民訴376①）。

（4）　なお、少額訴訟手続は、同一の簡易裁判所においては、同一原告が少額訴訟手続を利用することができるのは年10回までと制限されています（民訴368①ただし書、民訴規223）。この1年とは、毎年1月1日から12月31日までをいいます。

2　少額訴訟債権執行の概要

（1）　少額訴訟手続で債務名義を取得した債権者が、これに基づいて強制執行の申立てをする場合には、金銭債権に対する強制執行に限り、簡易裁判所において債権執行の手続を行うことができます（民執167の2）。

　　　簡易裁判所の少額訴訟債権執行の手続を利用するためには、少額訴訟における判決や和解等の債務名義を作成した簡易裁判所の裁判所書記官に対して、書面をもって少額訴訟債権執行の申立てを行います（民執167の2③、民執規1）。

　　　裁判所書記官は、申立てが要件を備えているときは、差押処分をします（民執167の2②）。差押処分が債務者に送達された後1週間が経過すると、債権者は差し押さえた債権を第三債務者から取り立てることができます。

（2）　申立てに際しては、差し押さえるべき債権はその種類及び額などで明確に特定し、他の債権と識別することができるようにしなければなりません（民執規150・133②）。特定が比較的定型的・単純に行うことができる金銭債権（差押えの対象となる債権）としては預貯金、給料、賃料といった債権が典型例といえます。

【73】　危機対応のための事前準備

　企業は、不祥事等が発生した場合に備えて、普段からどのような準備をしてお
けばよいでしょうか。

相談対応の ポイント	◇不祥事対応は事前・事後を含めた一連の内部統制のプロセスです。 ◇自社において不正の動機、機会、正当化の要素がないか、常に点検し改善することが求められます。

1　不祥事対応の全体像

　企業における不祥事対応といった場合、発覚した不祥事をいかに適切に処理す
るかという事後対応に目が行きがちですが、本来は不祥事発覚前の対応を含めた
一連の内部統制の問題であるということに、留意が必要です。

　すなわち、不祥事対応は、①不祥事が発覚する以前の「平時」における対応（統
制）、②不祥事が発覚した後の「有事」における対応（統制）という連続した一連
の内部統制を経て行われます。

　「平時」においては、不祥事の発生を予防するとともに、万一不祥事が発生し
てしまった場合にこれを迅速に発見するための内部統制が働いていますが（予防
統制・発見統制）、ひとたび問題が発見されると、「平時」から「有事」に体制が
シフトし、何があったのか事実を正確に調査し、それに基づき原因を究明した上
で、再発防止策を策定するというプロセスを経ることとなります。

　これにより説得力ある再発防止策が策定され、「平時」の体制下における予防統
制・発見統制の不備を改善することができて初めて、「有事」から「平時」に回帰
することができます。そうなって初めて対応完了です。

　このように、不祥事対応は、「有事」の対応により「平時」の体制をより強化す
るというPDCAサイクルを回すことに意味があります。

【図】不祥事対応の流れ

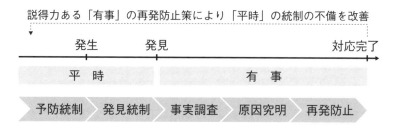

2　「平時」における予防統制・発見統制の視点

　では、不祥事発覚に備えて、「平時」にはどのような準備をしておけばよいのでしょうか。具体的にどのような統制が必要となるかは、各社の実情に応じて千差万別ですが、不祥事が生じる一般的な原因を理解することは、具体的な統制方法を検討する上で有益です。

　しばしば不祥事（不正）は、①「動機」、②「機会」、③「正当化」の3つの要素がそろった場合に発生するといわれます（不正のトライアングル）。

①　不正の動機としては、例えば、業務目標達成のための過度のプレッシャーが従業員等にかかっており、不正をせざるを得ない心理状態に陥ること等が挙げられます。

②　不正の機会としては、社内のモニタリングが不十分であり、不正を行おうと思えば行うことができる状況になること等が挙げられます。

③　不正の正当化としては、仕事全体に対する理解の不十分さにより、自分がやるべき仕事はこの点だけであると考えてしまい、それ以外の点については特に注意を払わなくてもよいと考えてしまうことや、悪しき前例主義に陥り、ルールには違反しているものの、前任者の代から同じだったのだから大したことではないと考えてしまうこと等が挙げられます。

　これら不正の3要素は、気を付けていないと、どんな会社であっても存在し得るものです。自社において各要素に当てはまる事情がないか、常に警戒心を持って点検することが重要となります。なお、「有事」が起きてしまった場合に、速やかに「平時」に回帰するためにとるべき対応については、【75】を参照してください。

【74】　内部通報制度

内部通報制度とは何ですか。また、内部通報制度を整備する上で気を付けなければならないことを教えてください。

相談対応の ポイント	◇内部通報制度は、不正を発見した従業員等からの通報を受け付ける専用の窓口を設ける制度であり、一定規模以上の事業者において整備が義務付けられています。 ◇内部通報制度を整備する上では、行政が公表している指針等を参考に、各事業者の実情に応じた適切な体制を整えていく必要があります。

1　内部通報制度とは

内部通報制度とは、企業等の事業者における不正を早期に発見し是正するために、不正を発見した従業員等からの報告について、上司を通じた通常の報告ルートとは別に、専用の窓口を通じた報告ルートを設ける制度です。

内部通報制度に関するルールは、公益通報者保護法で定められており、令和4年6月施行の改正法では、従業員数が301人を超える事業者において、内部通報制度の整備が法的に義務付けられました（それ以下の中小事業者においては努力義務とされています。）。企業不祥事が内部通報によって発覚するケースも多く、内部通報制度の整備は、企業等における危機管理体制の一貫として重要な意味をもっているといえます。

2　内部通報制度を整備する上での留意点

前記のとおり、一定以上の規模の事業者には内部通報制度の整備が義務付けられており、その具体的な内容については、内閣府・消費者庁によって「公益通報者保護法第11条第1項及び第2項の規定に基づき事業者がとるべき措置に関して、その適切かつ有効な実施を図るために必要な指針」（令3内閣告118）及びその解説に策定されています。

上記指針の主な内容は、以下のとおりですが、各企業等においては、自社の体制が指針の定める基準に適合しているか否かを検討した上で、自社の実情に応じた適切な体制を整備していくことが重要です。

（1）　従業者の定め

　事業者は、内部通報窓口での通報対応業務を行い、通報者を特定させる事項を伝達される者（通報対応業務を主たる職務とする部門の担当者）を従事者として定める必要があります。なお、従事者は当該業務に関する守秘義務を負い、漏えいした場合には罰金が科されます。

（2）　内部公益通報対応体制の整備その他の必要な措置

　　ア　部門横断的に対応する体制の整備

　内部通報受付窓口を設置し、通報を受けて調査を行い是正措置をとる部署及び責任者を明確に定める必要があります。受付窓口としては、社内に専用の窓口を設置するほか、外部の弁護士事務所等を通報先とすることも考えられます。外部の弁護士事務所等であれば、コストを要しますが、通報者から業務時間外の対応が求められた場合にも柔軟に対応しやすく、また、通報内容が組織の幹部に関係する場合に、これらの者からの独立性を確保しやすいという側面があります。

　　イ　通報者を保護する体制の整備

　通報者に対して解雇等の不利益な取扱いが行われることを防ぐための措置をとるとともに、当該不利益な取扱いがされていないかを把握し、不利益な取扱いを把握した場合には適切な救済・回復の措置をとる必要があります。

　また、通報内容が必要最小限の範囲を超えて共有されたり（範囲外共有）、やむを得ない事情がないのに通報者の探索が行われたりすることを防止するための措置をとる必要があります。

　　ウ　内部通報体制を実効的に機能させるための措置

　公益通報者保護法及び内部通報制度について、従業員等に対して教育・周知を行うとともに、社内窓口の体制や調査・是正対応の手順、通報者の不利益取扱いの禁止等、指針において求められる事項について、明確な社内ルールを内部規程として定め、当該規程に従って制度を運用する必要があります。

【75】　不祥事に対する対応一般

　企業において、不祥事があったことが分かった場合は、どのような対応をとるべきですか。

相談対応の ポイント	◇不祥事が発覚したら、被害拡大の防止、証拠保全及び情報管理の徹底をして、事実調査を行います。 ◇事実関係を正確、詳細かつ網羅的に把握したら、リスク分析や再発防止策の策定等を検討します。

1　不祥事発覚直後にすべき不祥事対応の準備

(1)　被害拡大の防止と証拠の保全

　不祥事が発覚したら、まず、不祥事による被害がこれ以上拡大しないように、被害拡大を防止する措置を講じる必要があります。例えば、不正な取引が現在も続いていれば、その取引の停止や、不祥事に関与した役員・社員を当該不祥事に関係する業務に関与させないことが考えられます。当該役員・社員が、会社に不祥事が発覚したことを認識していれば、これらの措置を直ちに実行できますが、認識していない場合、当該役員・社員が、不祥事発覚を悟ると証拠隠滅を図るおそれがありますので、当該役員・社員に疑われにくい理由を付けてこれらの措置を実施するなど、工夫が必要となります。もっとも、当該役員・社員に悟らせないことが難しい場合も多々ありますので、並行して、何らかの理由を付けて当該役員・社員ら関係者から同意を得てそのPC等を回収したり、企業のサーバーに保管されたメールデータを確保したりするなど、可能な限り証拠を保全する必要があります。

(2)　情報管理の徹底

　不祥事対応の準備として、不祥事発覚直後から、企業内で不祥事に関する情報を共有する範囲を必要最小限に留め、情報管理を徹底する必要があります。これを行わなければ、不祥事に関与した役員や社員による証拠隠滅のみならず、企業内に混乱を招き、マスコミや当局へ不正確な情報が伝わるなどして、不祥事への適切な対応が困難となりかねません。情報共有すべき範囲は事案によって異なり得ますが、一般的には経営トップ、不祥事が発生した部門の担当役員、法務・コンプライアンス部門の責任者や担当者、人事部門の責任者、広報部門の責任者等

が考えられます。不祥事対応が進むごとに、情報共有すべき範囲を少しずつ拡大するなど柔軟に検討する必要があります。

2　事実調査を中心とする不祥事対応

　企業が不祥事を把握する端緒は、内部監査、取引先や企業内部からの通報、当局の捜査・調査など様々ですが、いずれの場合でも、企業には断片的で抽象的な情報しかないことが少なくありません。そのため、企業としては、速やかに事実調査を行い、事実関係を正確、詳細かつ網羅的に把握する必要があります。事実調査では、メールデータや帳票類の保全・分析や関係者へのヒアリングとその内容の証拠化を行うことが一般的です。

　事実調査には、大きく分けて、企業内で調査チームを立ち上げて社内調査を行う場合と、弁護士や公認会計士等の企業外の第三者により構成される外部調査委員会が調査を行う場合があります。社内調査には、監査役や内部監査室、法務部など、社内のメンバーのみで調査を行う場合と、弁護士など外部の有識者を関与させる場合があります。調査では、把握した事実関係を法的に分析し、不祥事に関与した役員・職員への懲戒処分や、民事責任・刑事責任の追及等を見据えて、事実調査の方針を随時検討する必要がありますので、法的分析の専門家である弁護士を社内調査に関与させることが望ましいです。

3　事実関係把握後の不祥事対応

　事実調査で把握した事実関係を前提に、リスク分析と対応策の検討が必要です。企業外のリスクとして、例えば、監督当局への報告及び消費者や株主への公表とそれらに伴うマスコミ対応、取引先や株主からの訴訟、当局による捜査・調査及び行政処分等、金融機関からの融資拒否、上場会社なら上場廃止等への対応の検討が必要です。

　また、不祥事が起きてしまった原因を究明し、二度と不祥事を起こさないよう社内の実情に沿った適切な再発防止策を講じることが重要です。また、社内ルールを整えて周知し、当該ルールの遵守状況を点検する体制を構築して再発防止策を機能させる必要があります。

当局対応

再発防止　　　　マスコミ対応

取引先・金融機関　　株主対応

【76】　社内対応の進め方

　企業において不祥事の調査を開始するに当たっては、まず、どのような点に気を付ければよいでしょうか。

相談対応の ポイント	◇適切な初動対応のために、「平時」から準備しておくことが重要です。 ◇初動対応においては、迅速に客観資料を収集するとともに、並行してヒアリング方針や調査体制を検討する必要があります。

1　初動対応の重要性と「平時」からの準備

　不祥事対応における初期の事実調査は、その後の調査や対応の出発点であり、適切かつ迅速に行われる必要があります（【75】参照）。もっとも、詳細な内部通報（【74】参照）があったような場合を除けば、この段階では不祥事の全体像は見えておらず、基本的な事実関係の確認を進めながら調査方針を検討せざるを得ないのが通常です。突然の不祥事の発覚で社内が混乱していることも少なくなく、「平時」のうちからどれだけ「有事」に備えた体制の整備や訓練ができていたかが試されることになります。例えば、不祥事発覚時にはどのような部署で情報共有をすべきか、どの弁護士にどの段階で相談をするか等について、「平時」のうちからできる限り具体的に準備しておくことが重要です。

2　初動対応の留意点

(1)　客観資料の収集

　事実調査は、収集した客観資料と関係者の供述から事実を確定させていく作業ですが、時間が経過すればするほど、書類、メール等は散逸又は隠蔽等のおそれが増加し、関係者が口裏合わせを行うことも容易となります。そのため、初動の段階で、特に客観資料をできるだけ迅速に保全することが重要です。

　例えば、会社が貸与しているスマートフォンやパソコンといったデジタルデバイスには、不祥事の形跡が残されていることが多く、データ消去等が行われないよう直ちに確保すべきです。ただし、デジタルデバイスが私物である場合、企業には強制的に押収する権限がないため、内容確認を行うためには当該対象者から同意を得る必要があることに注意してください。

　また、近時の不祥事調査では、消去されたデータを可能な限り復元するとともに、データを分析して調査を行うデジタルフォレンジックと呼ばれる手法も一般的となっています。相応のコストと時間を要しますが、データの隠蔽が疑われる場合や対象となるデータの量が膨大である場合には非常に有益な手段となるため、初期の段階から専門業者に相談することも考えられます。

（2）　ヒアリング方針の検討

　通常、断片的な証拠だけで不祥事の全体像を把握することは難しく、関係者へのヒアリングの実施も事実調査における重要な調査手法となります。もっとも、例えば重要なデータの保存場所を確認するために必要な場合等、初動対応の段階でヒアリングを先行させた方がよい場合もあれば、メール等の客観資料の収集、精査を踏まえてからヒアリングを実施した方がよい場合もあります。また、ヒアリングを実施する順番についても、周辺的な人物のヒアリングを先行させ、事実関係をできるだけ固めた上で核心的な関与者のヒアリングを行うといった配慮が必要な場合もあります。こうした調査の段取りについては、弁護士等の専門家とよく協議して決定することが考えられます。

（3）　調査体制の検討

　最初期の段階ではあらかじめ定めておいた部署（例えば総務部）が調査を行うことも多いと思われますが、調査を実施するのに並行して、本格的な調査体制をどのようにするかも検討する必要があります。その際には、調査委員会を組成するか、調査委員会を社内メンバーだけで組織するか、外部者メンバーも加えるか、あるいは完全な第三者委員会とするかといった検討が必要です（【79】参照）。

　また、社内メンバーについては、調査の効率性の観点からは、発生した不祥事に関する知見を有する部署の従業員が加わることも考えられますが、一方で不祥事に関与したことが疑われる者を除外する必要があり、慎重な人選が求められます。

【77】　調査結果の取扱方法

社内調査によって把握した不祥事の事実は、どのように取り扱うべきでしょうか。不祥事の事実を社外に公表・報告することは必要でしょうか。

相談対応の ポイント	◇社内調査により把握した不祥事の事実関係は、調査報告書に取りまとめることが一般的です。 ◇不祥事の事実を監督当局に対して報告することや、一般に公表することを法令上義務付けられていることがあります。ただし、義務がなくても、監督当局への報告や公表を検討すべき場合があります。

1　調査報告書の作成

社内調査が終了した場合には、経営陣が人事処分や法的責任追及の要否・可否等を検討するための資料となるよう、社内調査の結果判明した事実関係を調査報告書の形で取りまとめることが一般的です。作成した調査報告書は、匿名化処理を施して下記2及び3の報告や公表に利用することも考えられます。

2　監督当局に対する報告

（1）　法令上義務付けられている場合

各種業法において、規制対象事業に一定の事象が生じた場合、企業は監督当局に対して当該事象を報告する義務がある旨定められていることがあります（例えば、保険会社は、保険会社等において犯罪行為等の不詳事件が発生した場合、それを知った日から30日以内に、金融庁長官へ届け出なければなりません（保険業127①八、保険業則85①二十七・③⑧⑨）。）。そのため、企業が把握した不祥事が一定の事象に該当する場合には、企業は監督当局に対して当該不祥事の事実を報告する必要があります。この場合、報告期限や報告内容が法令等で定められていることがあります。また、企業は把握した事実を正確に報告しなければ、監督当局による行政処分や、刑事罰の対象となり得ますので、注意が必要です。

（2）　法令上義務付けられていない場合

監督当局に対する報告が法令上の義務でない場合であっても、規制対象事業の運営に影響を及ぼすおそれがある不祥事など、監督当局がその事実関係等に関心

を有する場合がありますので、報告の要否は検討するべきです。特に、適時開示や通報など、企業による報告以外の方法で監督当局が不祥事の存在を認識することが見込まれる場合には、報告する方向で検討すべきと考えられます。

3　不祥事の事実関係の公表

(1)　公表義務

　上場会社において発生した不祥事が臨時報告書の提出事由や証券取引所規則に定める適時開示事由に該当する場合のように、社内調査によって把握した不祥事の事実関係が法令や証券取引所規則等によって公表を義務付けられている事由に該当する場合には、当該不祥事を一般に公表しなければなりません。この場合、公表時期や公表内容が法令等のルール上定められていることがあります。もっとも、当局による捜査・調査が進行している場合にはこれらを妨げないよう留意する必要がありますので、事前に当局との間で公表時期や公表内容について協議することがあり得ます。

　不祥事の公表が法令等により義務付けられていない場合には、公表しないことも十分考えられます。しかし、不祥事によって第三者に損害が発生するおそれがある場合、コンプライアンス経営やCSRの観点から問題がある場合等に、マスコミや監督当局への通報等によって企業の公表前に不祥事が明らかになると、「隠ぺい体質」等と批難され、企業の社会的評価を大きく毀損します。このような観点から、公表の要否及び内容を判断するべきです。

　また、一般に公表しない場合にも、取引先や金融機関に対しては、信頼関係維持のために不祥事を説明することも考えられます。

(2)　公表に際しての留意点

　不祥事の事実を公表した場合、マスコミや取引先からの問合せが来ることが想定されます。そのため、あらかじめ回答内容を明確にして統一的な回答を行うために、判明した事実関係をベースに企業としての見解等を整理し、株主総会時の準備のように想定問答集を準備しておくことが望ましいです。準備する回答内容は、当局や消費者目線で誠実なものになるよう十分留意するべきです。

【78】　責任追及等の方法

　不祥事に関与した従業員や役員につき、会社はどのように対応すべきでしょうか。

相談対応の ポイント	◇企業と労働契約関係にある従業員と、委任契約関係にある役員では、懲戒処分や民事責任・刑事責任の追求において企業がとり得る対応が異なります。 ◇調査中で事実関係が明らかでないときと、事実関係が判明した後でも対応が異なります。

1　従業員に対する対応

(1)　調査中で不祥事の事実関係が明らかでないとき

ア　業務命令の一環としての自宅待機命令

　不祥事に関与した従業員に対して、業務命令の一環として自宅待機を命じる（東京地判昭54・3・30判時935・113等）ことで、当該従業員による業務中の証拠隠滅や更なる不祥事を回避することが考えられます。ただし、自宅待機命令の発令により、当該従業員が企業に不祥事が発覚したことを悟って証拠隠滅を図るおそれがありますので、自宅待機命令は、証拠を保全し、当該従業員の初回ヒアリングを終えた時点で発令するのが望ましいと考えられます。また、調査終了後の懲戒処分を可能にすべく、懲戒処分ではなく業務命令として自宅待機を命じる旨明確にする必要があります。なお、自宅待機を命じる十分な根拠がない場合や、不当に長期間の待機を命じる場合等には、自宅待機命令が権利濫用に当たり、違法とされる点に留意が必要です（民1③、労契3⑤）。

イ　退職申出への対応

　不祥事の事実関係が明らかでない段階で不祥事に関与したと疑われる従業員から退職の申出があった場合、調査の進捗状況次第で、即時に退職を認めてもよいか慎重な検討を要するときがあります。例えば、調査の序盤の段階などで、当該従業員への聞き取りを継続する必要があるような場合では、引き続き調査に協力させるべく、合意解約の申込みであることを前提に退職を承諾しない旨意思表示をして翻意を促す必要があります。しかし、当該従業員が翻意せず、一方的な労働契約解約の意思表示をした場合には、解約までに速やかに調査を進め、判明した事実を基に懲戒処分を検討する必要があります。

(2)　調査により事実関係が判明した後

　ア　懲戒処分

　判明した事実関係に基づいて、懲戒処分の要否・内容を検討することになります。このとき、従前の懲戒処分事例との均衡を検討する必要があります。また、懲戒処分を行う場合には、就業規則等が手続を定めていればその手続を、定めていなければ弁明の機会の付与の手続を行うべきです。なお、企業内外に懲戒処分を行ったことを公表する場合、被処分者の名誉を侵害する方法で公表すると不法行為が成立し得ますので、匿名化等に留意する必要があります。

　イ　民事責任及び刑事責任の追及

　企業の被った損害の程度や責任追及に伴うコスト、社会的評判への影響等を勘案して、損害賠償請求等による民事責任の追及や、被害届提出や告訴・告発による刑事責任の追及も検討するべきです。

2　役員に対する対応

(1)　調査中で不祥事の事実関係が明らかでないとき

　役員は一般的に企業と委任契約関係にありますので、企業は役員に対して一方的に自宅待機を命じることはできません。役員の自宅待機が必要であれば任意に自宅待機をするよう説得するしかありません。

　また、役員はいつでも退任でき（民651①）、退任の申出が企業に到達した時点で退任の効力が生じます。そのため、役員が退任を申し出たが調査のため退任を認めるわけにいかない場合、退任を思い留まるよう説得する他ありません。この説得の際には、退任しても在任中の職務内容について報告義務があること（会社330、民645）や、真摯な調査協力により当該役員に対する民事責任・刑事責任の追及に有利に影響し得ること等に言及することが考えられます。

(2)　調査により事実関係が判明した後

　役員は通常、懲戒処分の対象となりませんので、任意の引責辞任や報酬の自主返上・減額を求めることになります。役員がこれらに任意に応じない場合等には、企業の被った損害の程度や責任追及に伴うコスト、社会的評判への影響等を勘案して、民事責任や刑事責任の追及も検討するべきです。

【79】　第三者委員会

　企業において不祥事が発覚した場合、第三者委員会を設置すべきなのはどのような場合でしょうか。また、第三者委員会の役割や、設置の留意点について教えてください。

相談対応のポイント	◇第三者委員会は、主に、不祥事が重大であり、社会的にもインパクトを与えるような事案で設置が要求されます。 ◇第三者委員会はステークホルダーに対する説明責任・信用回復のために設置されます。複数委員による合議制を原則とし、有識者の中から事案に応じた適切な人選を行う必要があります。

1　第三者委員会の目的

　第三者委員会とは、企業等において不祥事等が発覚した場合に、当該企業等から独立した委員のみで構成され、事実関係の調査を行った上で、発生原因を分析し、必要に応じて具体的な再発防止策の提言を行うことを目的として設置される委員会です。

　平成22年に日弁連「企業等不祥事における第三者委員会ガイドライン」（以下「ガイドライン」といいます。）が策定されて以来、世間を賑わせた多くの不祥事事案において第三者委員会が設置され、近時は、日本取引所自主規制法人「上場会社における不祥事対応のプリンシプル」や経済産業省の「グループ・ガバナンス・システムに関する実務指針」でも、不祥事が発生した場合の第三者委員会の活用について触れられています。それは、調査の客観性・独立性を確保することが、企業等を取り巻く株主、投資家、消費者、取引先、地域住民等のステークホルダーに対する説明責任を果たし、不祥事の発覚により毀損された信頼を回復する上で何よりも重要であると考えられたためです。

2　社内調査委員会か第三者委員会かの選択

　不祥事対応を社内調査（内部調査に顧問弁護士等が参加する場合もあります。）で行うか、第三者委員会を設置して行うかは、当該事案の性質に応じた企業等の自主的な判断に委ねられます。

　もっとも、前記のとおり、第三者委員会の目的がステークホルダーに対する説

明責任と信用の回復にある以上、第三者委員会の設置の要否を検討する上では、①対外的な影響の大きさ、②対外的な信用性確保の必要性といった要素を総合的に検討する必要があると考えられます。

　すなわち、取引先に与える不利益が重大な事案や、社会的にインパクトの大きい事案においては、ステークホルダーから第三者委員会による徹底的な調査を求められることが多いといえます。また、特に企業等の幹部（役員等）が不祥事に関与したり、組織ぐるみでの不正が疑われるような事案においては、当事企業等においては客観的で公正な調査が期待できず、第三者委員会による調査が求められることとなります（実際、社内調査委員会による調査の途中で、調査主体側に関与の疑義が生じたため、第三者委員会による調査に切り替えられる場合があります。）。

3　第三者委員会を設置する際の留意点

　ガイドラインでは、第三者委員会の委員数は3名以上とすることが原則とされており、同種の不祥事対応に精通した弁護士や公認会計士、学識経験者等の有識者から選任することが多くあります。いずれの場合も、調査の中立・公正の観点から、当事企業等からの一定の独立性が求められますが、事案の性質上、特定の技術に関する知見がある専門家が限られてしまうような場合には、当該企業等との一定の関係性が認められる場合であっても、当該専門家を委員へ選任することが一律に否定されることにはならないでしょう。完全な第三者とはいい難くても、社内の事情を的確かつ迅速に把握する観点から、当該不祥事への関与が認められない社外役員等を委員に加えることも考えられます。

　また、手続的には、不祥事等が発覚した企業等にとって、第三者委員会による調査が経営の最重要事項の一つであることを踏まえ、株式会社でいえば取締役会（取締役が不正に関与していることが疑われる場合には監査役・監査役会）が第三者委員会の設置について決議することが一般的です。

【80】　反社会的勢力の接近対策

　反社会的勢力の接近を許さないようにするため、事前にどのような対策を講じておく必要がありますか。

相談対応のポイント	◇反社会的勢力と関係を持ってしまうことのリスクを十分に認識し、周知します。 ◇反社会的勢力の接近を許さないという姿勢を社内外に示します。 ◇新規取引先の反社チェックや発覚時の対応部署・方法など、反社会的勢力との関係が疑われる際の対応の方法をあらかじめ定めておきます。

1　反社会的勢力との接近の危険性

　反社会的勢力とは、「暴力、威力と詐欺的手法を駆使して経済的利益を追求する集団又は個人」をいうとされています（犯罪対策閣僚会議幹事会申合せ「企業が反社会的勢力による被害を防止するための指針」平成19年6月19日）。

　今日、多くの企業が、企業倫理として、暴力団を始めとする反社会的勢力とは一切の関係を持たないことを掲げており、平成19年6月19日には、犯罪対策閣僚会議幹事会により、上記の「企業が反社会的勢力による被害を防止するための指針」が示され、企業における反社会的勢力との関わりを断つことは、企業のCSRやコンプライアンスの観点から重要な課題となっています。

　一方、反社会的勢力の側も、違法薬物の取引や、暴行・脅迫行為、賭博行為など、明白な犯罪行為だけではなく、合法的な経済活動を装った取引を行うことで、巧妙に接近してくることもあり、事後的に反社会的勢力との取引が発覚すると、企業にとってレピュテーション上のリスクや、取引関係の解消のためのコストなど、様々な負担が生じることになりかねません。

　そこで、反社会的勢力との関係を持つことがないよう、事前にできる限りの準備をしておくことが重要です。

2　反社会的勢力の事前排除

(1)　リスクの認識

　反社会的勢力と関係を持ってしまうと、直接的な金銭的な被害だけではなく、

役職員個人の生命・身体・財産に対する危害のおそれ、監督当局からの行政処分、民事・刑事上の法的措置を採るための負担など様々な負担が生じかねません。そこで、反社会的勢力と関係を持つことが、どのように企業自身や役職員にとってリスクがあるかということを認識する必要があります。

　具体的には、社内の行動規範や、社内研修などで、繰り返し、反社会的勢力と関係を持つことのリスクや排除の重要性などを周知することが有用です。

（2）　反社会的勢力の接近を許さない姿勢

　上記のようなリスクの認識を踏まえ、企業自身、社内外に対して反社会的勢力の接近を許さない姿勢を示すことが重要です。

　具体的には、社長自身が社内外にトップメッセージとして反社会的勢力との取引はしないという姿勢を示すことや、具体的な契約においても反社会的勢力排除条項を定めるなどの方策が有用です。

（3）　反社会的勢力との対応体制

　このように、反社会的勢力とは関係を持たないという姿勢を定めていたとしても、反社会的勢力が巧妙に接近してくることもあります。また、相手方が反社会的勢力である疑いが生じたとしても、現場の担当者がどのように対応すればよいか分からず、反社会的勢力につけ込まれてしまうこともあり得ます。

　そこで、まず、新規の取引先と取引を行う場合などは、当該取引先をWeb上で検索したり、必要に応じて警察や暴力追放運動推進センター（暴追センター）などに相談したり、調査会社を利用するなど、反社会的勢力チェックをすることが有用です。また、反社会的勢力と一定の関係が生じてしまった場合でも、取引の解消に向けて社内でどの部署に相談すればよいか、どの部署が担当するかなど、社内の対応体制をあらかじめ整備しておくことが有用です。具体的には、総務部の法務担当や、法務部、コンプライアンス部などが対応することとし、必要に応じて外部の弁護士にも相談するなど、事前に対応方法を検討しておくことが考えられます。

【81】　反社会的勢力であると発覚した際の対応

　弊社が所有する物件を賃貸していたところ、その賃借人が、暴力団のフロント企業であるとの指摘を近隣住民から受けました。調べてみたところ、その指摘は正しいようなのですが、どのような対応をすればよいのでしょうか。なお賃貸借契約は、古くから使っているひな形で作っていたため、暴力団排除条項は入っていません。

相談対応の ポイント	◇反社会的勢力に該当するかの情報収集を行います。 ◇反社会的勢力に該当するようであれば、契約を解除するなど、契約関係の解消に努める必要があります。 ◇強制的な契約関係の解消ができない場合であれば、合意解除などの方法を選択することが考えられます。 ◇契約解消に当たっては、トラブルを避けるため、直接交渉せず、弁護士に相談するなどの方法が無難です。

1　外部からの情報提供

　暴力団のフロント企業は、典型的な反社会的勢力であり、こうした企業が自社の賃貸物件に入居していると、当該企業自身も反社会的勢力と長期間の関係がある企業として風評被害に遭ったり、金融機関との取引に難色を示されたり、役職員の安全が脅かされるなど、様々なリスクが考えられます。

　そこで、外部から、設問のような情報提供があった場合には、基本的には取引関係の解消に向けた取組をすることになりますが、仮に、近隣住民からの情報が誤解に基づくものであったり、虚偽であったりすると、更なるトラブルにつながりかねません。こうした事態を避けるため、外部からの情報提供があった場合、その信憑性をよく確認し、賃借人が反社会的勢力に該当するか独自に反社会的勢力チェックをするなどして、事実関係をよく見極める必要があります。

2　反社会的勢力との取引解消
（1）　暴力団排除条項

　取引先が反社会的勢力である場合、契約に暴力団廃除条項が定められていれば、当該取引先が反社会的勢力であることを理由に契約を解除することができます。

反社会的勢力とのトラブルの未然防止のため、暴力団排除条項を定めることは有用な方策であるため、広く利用することが望まれます。

（2）　錯誤無効や信頼関係破壊による契約関係の解消

設問のように、暴力団排除条項が定められていない場合であっても、例えば、錯誤無効（民95）を主張し（東京地判平24・12・21金判1421・48）、あるいは、信頼関係破壊の法理を主張し、取引を解消することが考えられます。

こうした主張をするに当たっても、賃借人が反社会的勢力に該当するか、あるいは、反社会的勢力であることの表れであるような行為があったのかが争点となることが考えられますので、警察や暴力追放運動推進センター（暴追センター）にも相談し情報収集に努めておくことが重要です。

（3）　合意解約等

上記のような主張に基づいて強制的に賃借人との契約を解消することが困難な場合であっても、合意解除ができないか検討し、解約申入れをすることが考えられます。また、契約の更新時期が迫っている場合などは、更新しないなど、ソフトランディングの解決法を検討すべきです。

（4）　弁護士の関与

上記(1)～(3)のような契約の解消をするに当たっては、賃借人の反発が予想されるなど、トラブルにつながることが予想されます。また、実際に暴力団のフロント企業であれば、担当者を脅迫などするおそれもあります。そこで、契約解消に向けた交渉などは、できる限り弁護士に相談の上、弁護士を代理人として行う、弁護士名で通知書を送るなど、弁護士を活用することが考えられます。実際にも、弁護士名での通知や交渉では、反社会的勢力の側も強硬な態度には出ず、解約に応じることもあります。

【82】　反社会的勢力による妨害行為

　街宣車が弊社に対し、執拗に街宣活動を行っている場合、どのような対応をすればよいでしょうか。

相談対応の ポイント	◇街宣活動の内容を把握し、記録しておきます。 ◇執拗な街宣活動に対しては、警察への相談や、仮処分を行い、辞めさせるなどの方法が考えられます。 ◇社内外の不安を払拭するため、要求には応じず、毅然とした対応をとるという姿勢を明確にすることが重要です。

1　街宣車による妨害行為

　街宣活動は、その態様が相当なものであれば、表現の事由（憲21）や、労働組合の団体交渉権（憲28）などにより保護されるものもあります。

　しかし、街宣車による街宣活動は、社会運動標ぼうゴロや、政治活動標ぼうゴロ、えせ右翼団体の活動にも利用されるケースがあり、反社会的勢力による企業への妨害行為として行われることがあります。

　街宣車による街宣活動に対しては、企業として毅然とした態度をとり、街宣活動を通じた要求には屈しない姿勢を示すことが重要です。

　一方、執拗な街宣活動が行われると、役職員や取引先が不安を覚えたり、周辺地域に悪影響を及ぼすおそれがあります。そこで、執拗な街宣活動については、中止を求める措置を検討する必要があります。

2　街宣活動への対応
(1)　街宣活動の内容把握・記録

　街宣車による街宣活動といえど、全てが違法な活動となるわけではありません。例えば、企業が労働組合の団体交渉に応じないケースや、企業の製品に品質問題があるにもかかわらず、当該企業が誠実な対応をしないといったケースにおいて、相当な態様で行われるようであれば、中止を求めるとしても限界があります。

　そこで、まず、街宣車による街宣活動がどのような意図で行われているものなのか、正確に把握する必要があります。また、後述の警察への相談や仮処分などの対応をするとしても、街宣活動の様子を証拠として記録化しておくことが有用

です。例えば、街宣車の活動の様子をビデオ撮影したり、街宣車が来た時間帯を記録しておくことなどが考えられます。

　(2)　警察への相談

　街宣車の街宣活動が、名誉毀損や誹謗中傷の程度が著しく、相当な態様とはいい難いようなものであった場合、警察への通報をすることが考えられます。

　相談に当たっては、街宣行為が行われるに至った背景事情や、街宣行為の態様など、資料を用意するとともに、実際に街宣活動が行われている様子を現認してもらえるよう、被害が続くようであれば通報する旨を伝えておくことなどが考えられます。

　(3)　仮処分等の法的措置

　また、街宣車の街宣活動を抑止するための方策として、裁判所に街宣活動を禁止する旨の仮処分を申し立てることが考えられます。

　仮処分の申立てにより、相手方を裁判所に呼び出し、審尋期日の場などにおいて、裁判官の面前で話合いによる解決を図る余地もあり、また、相手方の態度が強硬であれば、社屋の周りなどでの街宣活動を禁止する旨の仮処分を発令してもらうことも考えられます。

　(4)　毅然とした対応を採ることの重要性

　街宣車による街宣活動は、企業に対して要求をのませるなど、何らかの目的を持って行われるものです。これに対して安易に応じてしまうと、「この企業は街宣活動をすれば要求をのむ」と思われてしまい、更なる被害につながるおそれがあります。不当な街宣活動に対しては、毅然とした対応をとるとともに、役職員の不安を払拭するためにも、そのような姿勢を社内外に明確に打ち出す必要があります。

　また、不当な街宣活動を繰り返すような組織や人物への対応のように、反社会的勢力への対応は、役職員にとって多大な負担であるため、このようなケースでも、弁護士に相談の上、対応を依頼するなどの方策も有用です。

【83】　契約の電子化

弊社では、契約の電子化を進めていますが、どのような点に留意すればよいで
しょうか。

相談対応の ポ イ ン ト	◇電子署名による真正な成立の推定について、注意が必要です。 ◇一部電子化できない契約があります。 ◇税法上の対応が必要になります。

1　電子契約とは

　電子契約は、文書（契約書等）の代わりに電子文書によって契約することであ
り、「公益社団法人日本文書マネジメント協会（JIIMA）の電子契約活用ガイドラ
イン」では、「電子的に作成した契約書を、インターネットなどの通信回線を用い
て契約の相手方へ開示し、契約内容への合意の意思表示として、契約当事者の電
子署名を付与することにより契約の締結を行うもの」、と定義されています。契
約の電子化は、印紙税の非課税や管理コストの削減、契約締結までの時間短縮等
のメリットが期待でき、また、デジタル改革関連法が令和3年9月に施行され、多
くの契約類型において電子化が可能となったことにより、更に利用が進んでいく
ものと想定されています。

2　電子契約の有効性、証拠としての利用

(1)　電子契約の有効性

　民法上、一部の例外を除き、契約は申込みと承諾の意思表示が合致すれば口頭
でも成立し（民522②）、この点は契約書等の紙を用いない電子契約においても変わ
りはありませんので、電子契約は、承諾の意思表示が相手方に到達した時点で有
効に成立します。ただ、法令により、書面の作成が成立要件として要求される契
約については、書面の電子化を認める例外規定が設けられている場合には、当該
要件を満たす限りにおいて電子契約が有効に成立します。例えば、保証契約は、
電子化を認める例外規定（民446③）が定められていますので、電子契約は有効に成
立します。

(2)　電子契約の証拠としての利用

　民事訴訟において、立証手段として証拠を提出するためには、当該証拠に証拠

能力（証拠に供する資格）が認められる必要がありますが、民事訴訟法上、一般的に証拠能力を制限する規定はなく、電子契約データについても証拠能力は否定されないと解されます。

　また、民事訴訟において私文書が作成者の認識を示したものとして証拠になるためには、その成立が真正であること（文書が作成者の意思に基づいて作成されたこと）を証明する必要があります（民訴228①）。書面契約では、契約書上の記名押印により二段の推定が働きますが、電子契約では、電子署名を付与することで、真正な成立が推定されます（電子署名3）。

3　契約の電子化に際して注意すべき点

（1）　電子化することができない契約

　令和3年9月に施行されたデジタル改革関連法により多くの契約について電子化が可能となりましたが、事業用定期借地契約（借地借家法23）、企業担保権の設定又は変更を目的とする契約（企業担保法3）、任意後見契約（任意後見3）等、一部の契約は、従来どおり書面による契約締結を要することとされていますので、注意が必要です。

（2）　税法上の対応の必要性

　電子契約は国税関係書類に該当するため、各種税法に基づいて保存を行う必要があります。電子契約のうち、電子上で帳票をやり取りするものは電子取引に該当するため、電子帳簿保存法（電子計算機を使用して作成する国税関係帳簿書類の保存方法等の特例に関する法律）の電子取引要件（真実性の確保、可視性の確保）を満たす保存が必要となります。また、電子契約は法人税法上で7年間（繰越欠損金がある場合は10年間）の保存義務が課されていますので、注意が必要です。

【84】　インターネット記事に対する対抗措置

インターネット上に会社を誹謗中傷する書き込みがある場合、どのように対応
すればよいですか。

相談対応の ポイント	◇対応としては、大きく分けると、①削除請求と②発信者情報の取得を検討することとなります。 ◇削除請求等をする際は、ログの保存期間や、いわゆる再炎上のリスクに注意が必要です。 ◇その他の方法として、オフィシャルコメント（プレスリリース）を発表する方法もあります。

1　対応について

インターネット上に会社を誹謗中傷する書き込みがある場合、主な対応方法としては、①削除請求を行うことと、②発信者情報を取得すること（発信者情報開示請求・発信者情報開示命令の申立て）を行うことが考えられます。

①削除請求は、誹謗中傷する書き込み自体を削除することを目的とするものです。裁判手続（仮処分を含みます。）で対応する場合もありますが、任意請求も可能です。具体的な方法は、【85】【89】をご参照ください。

②発信者情報の取得は、誹謗中傷する書き込みをした投稿者を特定して、その後に損害賠償請求、刑事告訴、謝罪広告掲載の請求、社内の懲戒処分等を行うことを目的とするものです。発信者情報の取得は、発信者情報開示請求のほか、令和4年10月1日から新設された発信者情報開示命令の申立て（非訟手続）を行う方法もあります。具体的な方法は、【86】【89】をご参照ください。

2　注意点
(1)　ログの保存期間

上記の②発信者情報開示請求又は発信者情報開示命令の申立てを行う場合、経由プロバイダのログ保存期間に注意する必要があります。発信者情報開示請求を行う際は、まず、コンテンツプロバイダ（例：X（旧Twitter））に対して発信者情報（例：IPアドレス等）の開示を求めて、当該情報から特定された経由プロバイダ（例：Yahoo!BB等）に対して更に発信者情報（例：投稿者の氏名や住所）の

開示請求をするという流れになります。発信者情報開示命令事件でも、同様の流れが一つの手続の中で進むこととなります。そして、経由プロバイダは、投稿者の特定に必要な通信記録（ログ）を、3か月程度しか保存していない場合があります（ログ保存期間は法定されていません。）。そのため、投稿が行われた日時を確認した上で、上記手続により投稿者を特定できる可能性があるか否かを、受任前に検討する必要があります。

　(2)　再炎上のリスク

　①削除請求や②発信者情報開示請求・発信者情報開示命令の申立てを行った場合、当該請求の内容が、投稿者等によってインターネット上に再度投稿されるリスクがあります。このリスクは、任意請求の場合でも、裁判所の手続を利用する場合も同様となります。特に、会社側が主張する事実について、客観的な証拠と矛盾する内容があることが事後的に判明したような場合は、会社側が虚偽の主張をしたという趣旨の投稿が再度行われてしまう危険性が高くあります。インターネット上で更に被害が拡大する（いわゆる再炎上の）リスクを防ぐため、請求をする前に、正確な事実関係の確認や、公表されてはならないプライバシー情報の確認などを慎重に行うことが必要です。

3　その他の方法

　インターネット上に会社の名誉権を侵害する書き込みがあるものの、コンテンツプロバイダ等が任意の削除に応じない一方で、当該書き込みの内容が虚偽であると立証（疎明）することが困難と見込まれる場合等は、裁判所の手続を利用せず、オフィシャルコメントを自社ホームページに掲載する等の対応も考えられます（裁判手続で一部の相手方との関係では敗訴したものの、別の相手方との裁判では勝訴したような場合に、当該勝訴した結果のみを掲載することも、場合によっては考えられます。）。

　上記以外でも、コンテンツプロバイダが、任意請求にも日本の裁判手続にも一切応じない海外法人の場合等についても、オフィシャルコメントを掲載して反論することが有用である場合があります。

【85】　削除請求

削除請求の方法、また削除請求を行う場合の注意点について教えてください。

相談対応の ポイント	◇まずは任意の削除を求めます。 ◇削除請求に応じられにくい類型や、削除請求によって被害が拡大するリスク、削除請求後に同内容の投稿がされるリスクがあります。

1　削除請求の方法

　削除請求の方法は、大別して①メールや問合せフォーム等から任意の削除を求める方法と、②裁判所の手続による方法があります。①の方が削除請求の要件該当性や証拠の要否が柔軟に判断されるため、まずは①の方法で削除請求を行い、削除拒否された場合に②の方法を検討することが効果的な場合が多いと考えられます。削除請求の法的根拠は、名誉権侵害、プライバシー侵害のような人格権侵害、人格的利益の侵害に対する差止請求権で構成されることが多いです。

　なお、削除請求の相手方は、投稿者、サイト管理者、サーバー管理者から選ぶことができます。

　（1）　任意の削除を求める方法

　サイトに削除依頼用のお問合せフォームやメールアドレスが記載されている場合、削除を求める投稿や記載等（以下「投稿等」といいます。）を特定し、削除依頼を行います。

　プロバイダ責任制限法ガイドライン等検討協議会が策定した書式（送信防止措置依頼書）を用いて、プロバイダに対して削除依頼をする方法もあります。

　（2）　裁判所の手続による方法

　削除仮処分命令申立書等を債務者の普通裁判籍又は不法行為地の特別裁判籍を管轄する裁判所（原則、債権者の住所・本店所在地を管轄する地方裁判所も管轄となります。）に提出し、削除仮処分の申立てを行います。申立ての際は、特に、被保全権利の存在に関して、削除請求の範囲や疎明の程度が問題となります。

2　削除請求時の注意点

　（1）　削除請求に応じられにくい類型

　問合せフォーム等のサイト管理者への連絡手段が用意されていない場合は、通

常管理者が削除請求を想定していないと考えられるため、削除請求に応じられにくい傾向があります。

　また、プラットフォーマーが日本人利用者を想定していない場合は、そもそも日本法の適用が想定されていない可能性があり、プラットフォーマーが削除請求のメールに反応しないことがあり得ます。匿名の個人が海外のレンタルサーバーを用いて独自にサイトを構築している場合でも、同様の理由から、サーバー経由での削除可能性は非常に低いとされています。

　また、日本のサーバー会社であっても、技術的問題によりサーバー会社が削除を行うことができず、管理者においてのみ削除が可能な場合があります。

（2）　削除請求により被害が拡大するリスク

　サイトの目的やテーマによっては、削除請求があった旨ないし削除請求に応じて記事等が削除された旨又は削除請求に応じない理由が公表される可能性があります。なお、当該リスクは、削除仮処分を用いた場合も同様です。

　また、サイト管理者の意向により、請求者の氏名や住所をマスキングしない状態の削除請求の通知や訴状等が公表される可能性もあります。これらのリスクについては、事前に依頼者に十分説明する必要があります。

　さらに、投稿者が一度削除に応じた上、後日同内容の記事を再度投稿し、結局削除請求が徒労に終わる可能性もあります。このような事態を防ぐためには、削除請求とともに投稿者との間で二度と同一内容の記事を投稿・公表しないよう契約を結ぶことが効果的です。

【86】　発信者情報開示請求・発信者情報開示命令

投稿者の発信者情報を取得する方法について教えてください。

相談対応の ポイント	◇発信者情報開示命令は改正前の投稿にも利用可能です。 ◇投稿がなされたサイトの性質によって最も効果的と考えられる　方法が異なります。

1　発信者情報開示請求と発信者情報開示命令

　令和4年10月1日施行のプロバイダ責任制限法改正により、発信者情報請求の対象が広がったほか（特定電通賠責5①②等）、裁判所経由で発信者情報の開示を受ける発信者情報開示命令が新設されました（特定電通賠責8）。本件では、主に、投稿サイトの性質ごとに、発信者情報の開示を受ける方法を記載します。いずれの方法も情報の保存期間との関係で時間勝負（おおむね投稿から2か月以内に行うべき）である点には留意してください。

2　発信者情報開示請求・発信者情報命令の要件

　発信者情報開示請求の要件はプロバイダ責任制限法5条1項及び同条2項に記載されています。発信者情報開示命令は、管轄裁判所に対する申立てにより行います（特定電通賠責8）。発信者情報開示命令申立ての要件、手続につき、詳しくは裁判所ウェブサイトをご覧ください（https://www.courts.go.jp/tokyo/saiban/minzi_section09/hassinnsya_kaiji/index.html（2023.8.9））。なお、総務省は、発信者情報開示命令を、主に紛争性の低い事件で利用することを想定しています（「プロバイダ責任制限法Q＆A」問23答。https://www.soumu.go.jp/main_sosiki/joho_tsusin/d_syohi/ihoyugai_04.html#qa23（2023.8.9））。

3　発信者情報開示請求・発信者情報開示命令の方法

（1）　実名登録型サイトへの投稿

　実名登録型サイトの場合、サイトに対して住所氏名の開示請求を行います。請求の対象は、投稿者の住所・氏名・電話番号・メールアドレスです。

　(2)　匿名サイトへの投稿

　匿名サイトの場合、①サイト管理者に対するIPアドレス等の開示請求（通常、発信者情報開示仮処分の申立てを行います。）と接続プロバイダに対する住所氏名の開示請求（通常、発信者情報開示請求訴訟を行います。）を行うか、②裁判所に発信者情報開示命令及び提供命令の申立てを行う（特定電通賠責8・15①一・二。通常、消去禁止命令の申立て（特定電通賠責16①）も同時に行うと思われます。）ことで、投稿者の住所・氏名・電話番号・メールアドレスを入手します。なお、匿名サイトへの開示請求では、サイト管理者に対するIPアドレス開示請求と並行して、サイト管理者に対するアカウント情報の開示請求を検討することが有効です。例えば、携帯電話番号（特定電通賠責規2三）やメールアドレス（特定電通賠責規2四）の開示請求を行い、その後、弁護士照会により投稿者の氏名住所を調べることが考えられます。

　(3)　管理者不明のサイトへの投稿の場合

　サイト管理者が不明な場合、裁判所にサーバー管理者に対する発信者情報開示命令の申立てを行うことが有効と考えられます。なお、発信者情報開示命令を利用しない場合の手順は、以下のとおりです。

　サイト管理者と投稿者が同一人物の場合はサーバー管理者へサイト管理者の住所氏名を開示請求します。サイト管理者と投稿者が異なる場合、サーバー管理者へIPアドレスを開示請求します。開示請求の結果、IPアドレスを管理しているのはサイト管理者のみであると主張された場合は、サーバー管理者にサイト管理者の住所・氏名の開示請求を行います（住所氏名の開示仮処分）。サイト管理者と投稿者が異なる場合は、サイト管理者に対してIPアドレスの開示請求を行い、接続プロバイダへ住所氏名の開示請求を行います。

【87】　名誉権侵害

　名誉権侵害を根拠に、削除請求や発信者情報開示請求を行う場合の注意点を教えてください。

相談対応の ポイント	◇問題の表現を事実摘示と構成した上で反真実性を主張立証します。 ◇問題の表現が意見論評の場合、原則として削除請求や発信者情報開示請求は困難です。

1　名誉権侵害の要件

　インターネット上の名誉権侵害は、一般の閲覧者の普通の注意と閲覧の仕方において（最大決平30・10・17民集72・5・890）、人の社会的評価が低下したときに認められ（最判昭31・7・20民集10・8・1059）、刑法上の名誉毀損と異なり、「事実の摘示」が要件とはなりません。ただし、「事実の摘示」と「意見論評」による名誉毀損とでは、その免責（違法性阻却事由）について差違があります。

　そのため、名誉権侵害を主張するためには、①対象となる表現が人の社会的評価を低下させることを主張し、②表現から読み取った意味・趣旨が事実摘示か意見論評かを検討し、③違法性阻却事由の不存在を主張します。

　③違法性阻却事由の不存在を主張するためには、表現が事実摘示であれば、表現が公共の利害に関するものであること、表現が公益目的であること、摘示事実の重要部分が真実であることのうち、いずれかの要件が欠けていることを主張立証します。表現が意見論評であれば、表現が公共の利害に関するものであること、表現が公益目的であること、前提事実の重要部分が真実であること、表現が人身攻撃に及ぶなど意見ないし論評の域を逸脱したものでないこと（最判平9・9・9民集51・8・3804）のうち、いずれかの要件が欠けていることを主張立証します。

2　事実摘示か意見論評か

　ある表現が事実摘示か意見論評かの判断基準は、一般人の注意と普通の読み方において、当該表現が証拠等をもってその存否を決することが可能か否かです。すなわち、ある表現が証拠等をもってその存否を決することが可能な他人に関する特定の事項を明示的又は黙示的に主張するものと理解されるときは、当該表現

は、上記特定の事項についての「事実の摘示」に該当し、そして、上記のような証拠等による証明になじまない物事の価値、善悪、優劣についての批評や論議などは、意見ないし論評の表明に属すると考えられます（最判平16・7・15民集58・5・1615、最判平9・9・9民集51・8・3804参照）。

　ある表現が事実摘示か意見論評かによって違法性阻却事由が異なり、意見論評の場合は、表現そのものに現れた事実ではなく、「前提事実」の重要部分が真実であれば違法性阻却が認められるため、事実上削除を求めることが難しいと考えられます。

　したがって、名誉権侵害を根拠として削除を求める表現について、できる限り「事実摘示」と構成することができないかという視点で検討の上、主張立証を行うことが実務上重要といえます。

3　削除請求・発信者情報開示請求が難しいと考えられる表現

　ウェブサイト上における商品のレビュー、サービスに対する口コミなどについては、投稿者の体験に基づく感想（意見論評）であると評価されますので、表現の前提事実が真実ではないことが明らかな事情（例えば、実際に当該サービスを体験していない等）が存する等の例外的な場合を除き、違法性を主張立証することは困難であり、削除請求や発信者情報開示請求が認められる可能性は低いものと考えられます。

【88】 営業権侵害

　営業権侵害を根拠に、削除請求や発信者情報開示請求を行う場合の留意点を教えてください。

相談対応の ポイント	◇プロバイダ責任制限法上の営業権を定義した裁判例はありません。 ◇営業権侵害を他の請求権と構成しつつ、まずは任意の削除や発信者情報開示を求めるのが戦略上有効です。

1　プロバイダ責任制限法上の営業権

　本書執筆時点で、プロバイダ責任制限法上の「営業権」ないし「営業上の利益」（以下「営業権」と総称します。）を定義した裁判例はありません。そのため、営業権侵害を根拠とするプロバイダ責任制限法上の請求の可否は事案に応じた判断となります。

2　営業権侵害に基づく削除請求

（1）　任意の削除請求

　1に記載した理由により、営業権侵害に基づく削除請求は、削除請求の中でも予測可能性が比較的低い類型といえます。そのため、削除請求を求める際に、問合せフォーム等を利用した任意の削除請求を利用するメリットが名誉毀損等の類型と比較してより大きいと考えられます。

　もっとも、任意の削除請求であっても相応の根拠を示す必要があるため、下記(2)記載の点に留意する必要があります。

（2）　削除請求時の留意点

　任意の削除請求であれ、プロバイダ責任制限法に基づく削除請求であれ、本書執筆時点では同法における「営業権」の内容は不明確です。そこで、戦略上、（営業権侵害とともに）「営業権侵害」を、より確立された法的利益の侵害に該当すると構成し、営業権侵害に該当すると考える投稿や表示の削除を求めることが考えられます。具体的には、投稿や表示を不正競争防止法上の不正競争（不正競争2①二十一。なお、法改正により号が移動しているので古い文献や裁判例を参照する場合には注意が必要です。）と構成することや名誉権侵害、刑法上の業務妨害罪（刑233）及び商標権

や著作権等の知的財産権侵害に該当すると構成することも考えられます。特に、不正競争に基づく差止めは不正競争防止法3条で認められているため、必要十分な主張ができるのであれば、裁判所にも受け入れられやすい主張といえます。また、商標権侵害は発信者情報開示の際に必要な権利侵害の明白性要件の充足を主張しやすいため、スムーズな開示を受けやすい類型と考えられます。

3　営業権侵害に基づく発信者情報開示

　前記1に記載した理由により、営業権侵害に基づく発信者情報開示も差止請求と同様、予測可能性が比較的低い類型といえます。そのため、前記2に記載したとおり、営業権侵害をより確立された法的利益の侵害であると構成しつつ、まずは任意の発信者情報開示を求めることが有効な戦略と考えられます。

　より確立された法的利益の具体例は、差止請求と同様です。

　なお、不正競争（不正競争2①二十一）により営業権が侵害されたとして発信者情報開示を認めた裁判例には、東京地裁平成26年12月18日判決（平26（ワ）18199）（同業他社と類似のドメイン名を使用したウェブサイトに当該同業他社の製品の品質を誤認させる表示をした行為について、各行為が不正競争に該当することを理由として発信者情報開示請求がなされた事案）があります。

【89】 仮処分

　削除請求や発信者情報開示請求において、仮処分を行う場合の具体的な手続について教えてください。

相談対応の ポイント	◇具体的な手続の流れは、①仮処分の申立て、②債権者面接、③双方審尋、④担保決定、⑤担保金の供託、⑥仮処分決定、⑦発信者情報の開示等（⑧経由プロバイダに対する発信者情報の開示請求）となります。

1　仮処分手続について

　削除請求や発信者情報開示請求を行う場合、【86】で記載したとおり、仮処分の手続を利用することが非常に多くあります（ただし、発信者情報開示請求については、法改正に伴って発信者情報開示命令という非訟手続が新設されました。そのため、案件によっては、今後こちらの手続の利用が多くなることが予想されます。）。

　特に、発信者情報開示請求を行う場合、まずは①コンテンツプロバイダに対して保有する発信者情報の開示を仮処分で求めて、その後に、当該開示された情報（IPアドレス等）を基に、②経由プロバイダに対して保有する発信者情報の開示を求めるという2段階の手続が必要となります。

　また、経由プロバイダは、発信者を特定するために必要な通信記録（ログ）を、3か月程度しか保存していない場合があります（ログ保存期間は法定されていません。）。そのため、発信者が投稿を行った時から3か月以内に②経由プロバイダに対する発信者情報の開示請求（訴訟提起あるいは発信者情報消去禁止の仮処分等）を行う必要があります。

2　具体的な手続の流れ

　具体的な手続の流れは、①仮処分の申立て、②債権者面接、③双方審尋、④担保決定、⑤担保金の供託、⑥仮処分決定、⑦発信者情報の開示等、⑧経由プロバイダに対する発信者情報の開示請求（及び相手方への到達）となります。開示請求の場合は、これら①から⑧までの手続を、3か月以内に完了する必要があります。以下、具体的な手続の流れを東京地方裁判所における運用に従って記載します。

　まず、①仮処分の申立てを、地方裁判所の保全部に行います。申立書には、通常、当事者目録、投稿記事目録、発信者情報目録、権利侵害の説明といった別紙を付す運用とされており、この段階で裁判所から補正を促され、訂正申立書の提出を求められることもあります。

　次に、申立てから数日後に、②債権者面接の期日が指定されます。当該期日において、裁判官から、主張や疎明資料に関する不足等について指摘を受けます。問題点が多い場合は、債権者のみの再面接となりますが、大きな問題がなければ、債務者も出席する双方審尋期日が指定され、当該期日までに主張等を補充することとなります。

　そして、債権者面接から1週間程度後に、③双方審尋期日が実施されます。債務者側の反論を踏まえて、裁判所から、続行期日を指定されるか、心証を開示されます。なお、日本に登記をしていない海外法人の場合は、双方審尋期日の指定が遅くなる（3週間程度）ことに注意が必要です。

　債権者側の主張が認められた場合は、この時点で④担保決定（担保の告知）がなされます。

　担保決定がなされた後、債権者は、⑤法務局で担保金を供託し、その供託書の正本や各種目録等を裁判所に提出します。

　上記目録等を裁判所に提出すると、⑥仮処分決定が発令されます。

　当該決定後、⑦債務者側において、発信者情報の開示、あるいは投稿記事等の削除が行われます。債務者が海外法人の場合、仮処分決定から開示等に時間がかかる場合があります（数日の場合もあれば、1か月程度かかる場合もあります。）。

　開示請求の場合は、債務者から発信者情報（IPアドレス等）が開示された後、⑧経由プロバイダに対する発信者情報の開示請求をします。

【90】　投稿者に対する対応

投稿者に対して損害賠償請求を行う場合、どの程度の額を請求すべきですか。また、請求する場合の留意点についても教えてください。

相談対応のポイント	◇判決で100万円を超える慰謝料が認められることは多くありません。 ◇請求する金額を決める際には、依頼者への丁寧な説明が必要です。 ◇慰謝料以外に、調査費用等が損害として認められる可能性がある点について留意する必要があります。

1　損害賠償請求の内容

(1)　名誉棄損等を理由とする慰謝料請求

インターネット上の投稿によって自己の名誉権等を侵害された者は、その投稿者に対して、当該投稿によって被った精神的苦痛について、不法行為に基づく損害賠償請求（慰謝料請求）をすることができます。

権利を侵害された者が、企業など法人の場合は、慰謝料に相当するものとして、低下した当該企業の信用を回復するための費用など、いわゆる無形損害について損害賠償請求をすることができます。

(2)　請求すべき金額

民事訴訟においては、慰謝料の額は、諸般の事情に鑑みて裁判所がその裁量により判断すべきとされており、個別事案における事情に左右されるところが大きいですが、判決において100万円を超える金額が認定される事案は多くありません。事案によっては、投稿内容、投稿回数（執拗さ）、投稿目的、被害者の社会的地位など一切の事情を考慮して数百万円の賠償が認められることもありますが、あくまでも例外的な場合といえます。

慰謝料として請求すべき金額については、一概に論じることは困難ですが、当該事案の個別事情の下で、最終的に判決でどの程度の金額が認容され得るかを慎重に検討し、依頼者と十分に協議した上で決定することになります。

名誉毀損等の被害を受けている依頼者の想定する慰謝料の金額と、実際に裁判所において認容される金額との間に大きな乖離が存することも少なくありません

ので、依頼者との後日のトラブル回避のためにも、具体的な請求金額を決定する際には、依頼者に対して、裁判所において認められ得る金額のレベル感を丁寧に説明することが必要となります。

2　留意点

(1)　逸失利益の請求

慰謝料以外の損害として、逸失利益の賠償請求をすることが考えられますが、裁判例上、逸失利益の賠償が認められることは通常ありません。企業としては、インターネット上の投稿をきっかけとして風評被害にあい、その後、大幅な売上減少を被った場合など、当該売上の減少全てについて投稿者に賠償を求めたいと考えることが多くあります。しかし、インターネット上の投稿（違法行為）と当該企業の売上減少（損害）の間に、因果関係を認定することは困難です。

そのため、企業の代理人としては、発信者情報開示請求ないし発信者情報開示命令の申立てを行って投稿者を特定できたとしても、逸失利益相当の損害賠償請求が認められる可能性は非常に低い以上、費用倒れになるリスクを十分に説明する必要があります。あくまでも、企業価値の回復を目的として、発信者情報開示請求等及びその後の損害賠償請求等をするかどうかを検討することが望ましいといえます。

(2)　調査費用や削除費用

一方、調査費用等については、投稿者の行為との間に相当因果関係があるといえるものであれば、賠償の範囲に含まれます。具体的には、発信者の特定に要した調査費用や、投稿の削除に要した削除費用などが挙げられます。

この調査費用について、その全額を損害として認めた裁判例もあります（東京高判平24・6・28（平24（ネ）1465）、原審東京地判平24・1・31判時2154・80）。一方で、相当因果関係の範囲について、（請求の認容額ではなく）実際に支出した調査費用や削除費用の1割に限り、損害の範囲に含めるとした裁判例も多くあるため、留意する必要があります。

【91】　インターネット事業者に対する対応

インターネット事業者に対して損害賠償請求を行う場合、どの程度の額を請求すべきですか。また、請求する場合の留意点についても教えてください。

相談対応の ポイント	◇請求すべき金額が、投稿者に対する請求（【90】）と大きく変わることは通常ありません。 ◇プロバイダ責任制限法上、賠償請求できる場合が制限され、要件が加重されている点について留意する必要があります。

1　インターネット事業者に対する損害賠償請求

(1)　対象となる事業者

インターネット上の投稿によって自己の名誉権等を侵害された者は、その投稿者以外に、インターネット事業者に対しても、不法行為に基づく損害賠償請求（慰謝料請求）ができる場合があります。

考えられる事業者としては、①コンテンツプロバイダ、②経由プロバイダ（接続プロバイダ、インターネットサービスプロバイダ）あるいは③検索サイトの管理者などが考えられます。

①コンテンツプロバイダとは、インターネット上でコンテンツを提供している者のことをいい、例えば、「X（旧Twitter）」「Instagram」などが考えられます。

②経由プロバイダとは、インターネットへのアクセスを提供する者のことをいい、例えば、「OCN」や「Yahoo!BB」などが考えられます。

③検索サイトとは、インターネット上の情報を検索するプログラムを提供しているウェブサイトのことをいい、例えば、「Google」などが考えられます。

(2)　請求すべき金額

(1)に挙げたこれらの事業者は、個々人の投稿者と比較して一般的に規模が大きい企業等であるため、その資力が期待されるところではありますが、大企業であることを理由に、賠償額が多額になるといった傾向は通常ありません。

裁判例としては、原告が、被告の管理運営するインターネット上の掲示板に原告を誹謗中傷する内容が書き込まれ、原告の関係者が被告に対して削除を求めたにもかかわらず、被告が迅速に削除するなどの適切な対処をする義務を怠った事案で、55万円の賠償を認めた事案があります（大阪地判平20・5・23（平19(ワ)6473））。

　この事案は、「中1のF（原告の氏名）死ぬ程うざい。マジ、しね！！バリ、ブスやし。あいつの顔見たらはきそうななる！！誰か、Fをしめて〜！！」（原文ママ）等とする投稿が88個存在したことが認定されていますが、認容額は55万円に留まっています。

　そのため、以下の留意点をふまえて損害賠償請求をするとしても、請求すべき金額は、投稿者に対する損害賠償請求と大きく変わることは通常ありません。

2　留意点（プロバイダ責任制限法上の制限）

　インターネット事業者に対して、自己の名誉権等を侵害する投稿を削除しないことを理由として損害賠償請求を行う場合、プロバイダ責任制限法上、賠償請求できる場合が制限されていることについて、留意する必要があります。具体的には、一般的な不法行為の要件に加重して、（①）サイト管理者が情報の流通を知っていて、かつ、（②—1）権利が侵害されていることを知っていたか、（②—2）権利が侵害されていることを知ることができたと認めるに足りる相当の理由があることを、請求者側において主張立証する必要があります（特定電通賠責3①）。

　裁判例としては、削除請求を認容しつつ、損害賠償請求については上記加重された要件が認定されず棄却された事案があります（東京地判平27・11・10（平27(ワ)17271））。

　なお、インターネット事業者が、発信者情報開示請求を拒んだときに損害賠償請求を行う場合も同様に、賠償請求できる場合が制限されています（特定電通賠責6④）。

【92】　中小企業の税制概要（一般に適用される税制）

中小企業一般に適用される税制の概要を教えてください。

相談対応の ポイント	◇軽減税率、欠損金、交際費課税、消費税の特例などは、一般的 に適用される税制の中で基本的なものといえます。

1　法人税率の軽減

中小企業の、平成24年4月1日以降に開始する各事業年度の所得金額のうち、年間800万円以下については、法人税率が15％に軽減され、年間800万円を超過する部分についてのみ法人税率23.2％が適用されます（法税66、租特42の3の2）。

2　欠損金の繰越控除

中小企業は、青色申告書を提出した事業年度において欠損金が生じた場合には、当該事業年度の後の事業年度以降に繰り越して、所得から欠損金を控除することができます。なお、平成30年4月1日より前に開始した事業年度において生じた欠損金額の繰越期間は9年です（法税57）。

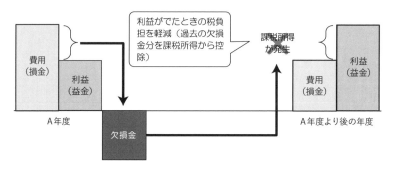

出典：「中小企業税制〈令和5年度版〉」（中小企業庁）（https：//www. chusho. meti.go.jp/zaimu/zeisei/pamphlet/zeisei_r5.pdf（2023.8.9））

3　欠損金の繰戻還付

中小企業は、一定の要件を満たし、青色申告書を提出する事業年度に欠損金が生じた場合、欠損金が生じた事業年度開始の日の前1年以内に開始した事業年度

の所得金額に繰り戻し、既納法人税より、欠損金の分だけ還付を受けることができます（法税80、租特66の12）。

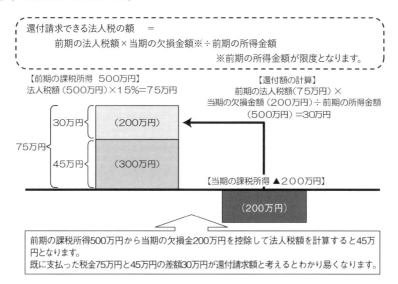

出典：「中小企業税制〈令和5年版〉」（中小企業庁）（https：//www. chusho.meti. go.jp/zaimu/zeisei/pamphlet/zeisei_r5.pdf（2023.8.9））

4　交際費課税の特例

　中小企業には、①800万円までの交際費等の全額の損金算入、又は、②飲食費の50％の損金算入の選択適用が認められます（租特61の4）。

5　消費税の特例

　国内で課税対象となる取引を行った事業者は、原則として、消費税の納税義務者（課税事業者）ですが、その課税期間の基準期間における課税売上高が1,000万円以下の場合、その課税期間に行った課税資産の譲渡等について、例外的に納税義務が免除されます（消税9の2）。また、課税事業者の基準期間における課税売上高が5,000万円以下であり、かつ、「消費税簡易課税制度選択届出書」を事前に所轄の税務署に提出している場合には、簡易課税制度、すなわち、仕入税額控除税額を、課税標準額に対する消費税に、事業区分に応じたみなし仕入率を乗じて計算する制度を適用することができます（消税37）。

【93】　中小企業の税制概要（中小企業の投資や賃上げ関連）

　中小企業として投資や賃上げを行う場合に受けられる、税制上の優遇策の概要を教えてください。

相談対応のポイント	◇中小企業等経営強化法等の認定等を通じ、設備投資等に関する固定資産税や法人税の減価償却における各種優遇が受けられます。

1　固定資産税の特例

　中小企業等経営強化法（以下「強化法」といいます。）上の認定を受けた先端設備等導入計画に基づく設備投資につき、市町村（東京都特別区は都）の判断で、新規取得される事業用家屋及び償却資産に係る固定資産税が最初の3年間最大ゼロ（課税標準に、市町村が条例で定めた割合（0〜1／2）を乗じた額）になります（地税附則64）。

2　生産性向上や賃上げに資する中小企業の設備投資に関する固定資産税の特例

　雇用者全体の給与の1.5％以上増加を従業員に表明し、強化法上認定を受けた先端設備等導入計画により、年平均5％以上の投資利益率が見込まれる投資計画の対象となる機械装置等を導入した場合、最大5年間、固定資産税を3分の2軽減でき、賃上げの表明を行わない場合は最大3年間、固定資産税を2分の1軽減できます。

3　中小企業経営強化税制

　強化法上認定を受けた経営力向上計画により対象設備の取得や製作等をした場合、①即時償却又は②取得価額の10％の税額控除（ただし、資本金3,000万円超1億円以下の法人は7％）を選択適用できます（租特10の5の3・42の12の4）。

4　中小企業投資促進税制

　青色申告書を提出する中小企業等は、一定の機械装置等の対象設備の取得や製作等をした場合、①取得価額の30％の特別償却又は②7％の税額控除（②は資本金3,000万円以下の法人のみ）を選択適用できます（租特10の3・42の6）。

5　少額減価償却資産の特例

青色申告書を提出する中小企業等は、取得価額が30万円未満の減価償却資産（少額減価償却資産）を、即時にその全額を経費として算入することができます（租特28の2・67の5）。

6　地域未来投資促進税制

青色申告書を提出する中小企業等は、都道府県知事から地域経済牽引事業計画の承認を受け、地域の成長発展の基盤強化に資するとして主務大臣による課税特例の確認を受け、建物・機械等を新設・増設した場合、①法人税等の特別償却、②税額控除が選択適用できます（租特10の4・42の11の2）。

7　中小企業防災・減災投資促進税制

強化法に基づく事業継続力強化計画又は連携事業継続力強化計画の認定を受け、事業継続力強化設備の取得や製作等をした場合、取得価額の20％（令和5年4月1日以降に取得等をする場合は18％、令和7年4月1日以降に取得等をする場合は16％）の特別償却ができます（租特11の3・44の2）。

8　中小企業向け賃上げ税制

中小企業者等が、雇用者給与等支給額を前事業年度と比べて1.5％以上増加させた場合、控除対象雇用者給与等支給増加額の15％を法人税額や所得税額から控除でき、雇用者給与等支給額を前事業年度と比べて2.5％以上増加させた場合は控除率を15％加算し、教育訓練費の額を前事業年度と比べて10％以上増加させた場合は控除率を10％加算することができます（租特10の5の4・42の12の5）。

【94】　中小企業の税制概要（研究開発、イノベーション関連）

　中小企業の研究開発、イノベーション関連の税法上の優遇の概要を教えてください。

相談対応の ポイント	◇再生可能エネルギー税制、カーボンニュートラル投資促進税制、DX投資促進税制、研究開発税制、オープンイノベーション促進税制が注目されます。

1　再生可能エネルギー発電設備に係る課税標準の特例措置

　再生可能エネルギー発電設備について、新たに固定資産税が課せられることになった事業年度から3年度分の固定資産税について、課税標準から一定の割合減額できます（地税附則15㉕）。

2　カーボンニュートラル投資促進税制

　産業競争力強化法の認定を受けたエネルギー利用環境負荷低減事業適応に関する計画に基づき、対象設備の取得や製作等をした場合、①取得価額の50％の特別償却又は②5％（「需要開拓商品生産設備」又は炭素生産性を10％以上向上させる計画に記載された「生産工程効率化等設備」の取得等については10％）の税額控除を適用できます（租特10の5の6・42の12の7）。

3　DX投資促進税制

　産業競争力強化法の認定を受けた情報技術事業適応に関する計画に基づき、ソフトウェア等を取得や製作等した場合に、①取得価額の30％の特別償却又は②3％（自社（グループ会社に属する会社の場合は、自社グループ）以外の会社の有するデータを活用する取組については5％）の税額控除が適用できます（租特10の5の6・42の12の7）。

4　研究開発税制（中小企業技術基盤強化税制）

　研究開発を行った場合、その試験研究費の一定割合の金額について法人税・所得税の税額控除を受けることができます。特に中小企業者等は、試験研究費の増加割合に応じて、控除率（12〜17％）・控除上限（10％）を上乗せすることができ、

また、売上高に占める試験研究費の割合に応じた控除上限の上乗せ（10％）をすることもできます（租特10・42の4）。

5　オープンイノベーション促進税制

　スタートアップ企業との協働により生産性の向上や新たな事業の開拓など（オープンイノベーション）を行うため、そのスタートアップ企業の新規発行株式を一定額以上（中小企業については、1,000万円以上）取得した場合、その株式の取得価額の25％を課税所得から控除することができます（ただし、3年以内（令和4年3月31日までに取得した株式については、5年以内）にその株式の処分等をした場合は、控除分が益金算入されます。）（租特66の13）。

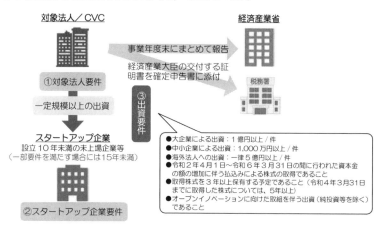

出典：「中小企業税制〈令和5年度版〉」（中小企業庁）（https://www.chusho.meti.
　　　go.jp/zaimu/zeisei/pamphlet/zeisei_r5.pdf（2023.8.9））

【95】　中小企業の税制概要（事業承継、Ｍ＆Ａ関連税制）

中小企業の事業承継、Ｍ＆Ａ関連の税制概要を教えてください。

相談対応の ポイント	◇相続税・贈与税の納税猶予に関する事業承継税制と、登録免許税・不動産取得税に関する特例、中小企業の経営資源の集約化に関する税制等があります。

1　事業承継税制

　中小企業者の円滑な事業承継を支援するため、非上場会社の株式に係る相続税、贈与税の納税が猶予及び免除される優遇制度があります（租特70の7以下、経営承継円滑化法）。

2　登録免許税・不動産取得税の特例

　他社から事業承継を行うために、合併、会社分割及び事業譲渡を実施する場合に、不動産の権利移転等に際して生じる登録免許税・不動産取得税を軽減することができます（租特80の3、地税附則11⑭）。軽減の概要は以下のとおりです。

<登録免許税の税率>		通常税率	計画認定時の税率	<不動産取得税の課税標準の特例>	通常税率	計画認定時の課税標準（事業譲渡の場合）
不動産の所有権移転の登記	合併による移転の登記	0.4%	0.2%	土地住宅	3.0%	1/6減額相当（税率にすると2.5%）
	分割による移転の登記	2.0%	0.4%	住宅以外の家屋	4.0%	1/6減額相当（税率にすると3.3%）
	その他の原因による移転の登記	2.0%	1.6%			

出典：「中小企業税制〈令和5年度版〉」（中小企業庁）（https://www.chusho.meti.go.jp/zaimu/zeisei/pamphlet/zeisei_r5.pdf（2023.8.9））

　具体的には、①経営力向上計画を策定し、認定を受けます。他の特定事業者等との間で合併、会社分割又は事業譲渡の事前合意の後、引き継いだ事業に関する経営力向上を行うことを内容とする経営力向上計画を策定した上で、主務大臣に申請し、認定を受けます。②主務大臣の認定を受けた後、合併、会社分割又は事業譲渡を行います。なお、登記申請の際、主務大臣名義の証明書を添付して申請する必要があります。手続の概要は以下のとおりです。

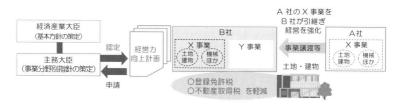

出典：「中小企業税制〈令和5年度版〉」（中小企業庁）（https://www.chusho.meti. go.jp/zaimu/zeisei/pamphlet/zeisei_r5.pdf（2023.8.9））

3　中小企業の経営資源の集約化に資する税制

　経営資源の集約化（M＆A）によって生産性向上等を目指す、経営力向上計画の認定を受けた中小企業が、計画に基づいてM＆Aを実施した場合に、設備投資減税（【93】参照）又は準備金の積立を損金算入できます（租特56）。具体的には、①M＆Aの相手方が決まった時点（基本合意後等）で、経営力向上の内容に株式譲渡を含み、かつ事業承継等事前調査の内容を記載した経営力向上計画を策定し、主務大臣の認定を受けます。申請時に、併せて事業承継等事前調査チェックシートを作成し、添付します。②次に、認定計画の内容に従って株式取得を実行した後、主務大臣に対して事業承継等を実施したこと及び事業承継等事前調査の内容について報告し、確認書の交付を受けます。さらに、③税法上の要件を満たす場合には、税務申告において準備金積立額について損金算入ができます。税務申告に際しては、①の申請書、①の認定書、②の確認書を添付します。

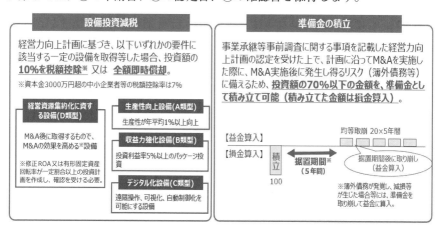

出典：「中小企業税制〈令和5年度版〉」（中小企業庁）（https://www.chusho.meti.go.jp/ zaimu/zeisei/pamphlet/zeisei_r5.pdf（2023.8.9））

【96】　留保金課税制度（特定同族会社の特別税率）

　内部留保金には税金が課税されることがあると聞きました。それはどのような制度でしょうか。内部留保金に課税がなされる要件、課税金額の計算方法及び考えられる対策方法を教えてください。

相談対応の ポイント	◇特定同族会社の留保金は課税されることがあります。 ◇特別税率は課税留保金額の区分に応じて異なります。 ◇留保金課税への対策は適切に実施する必要があります。

1　留保金課税制度（特定同族会社の特別税率）の概要

　留保金課税制度とは、特定の同族会社の留保金が一定の金額を超えるときに、その超える部分の金額に対して特別税率による法人税が通常の法人税とは別に課税される制度のことです。同族会社においては、あえて配当を行わずに利益を内部留保することで、配当により生ずる個人株主への所得税を容易に回避することができるため、同族会社の留保金額に対し課税することとされています。

2　留保金課税の要件

　留保金課税は、内国法人である特定同族会社の各事業年度の留保金額が留保控除額を超える場合に課税されます（法税67①）。

（1）　特定同族会社

　特定同族会社とは、被支配会社のうち、被支配会社の判定の基礎となった株主等の中に被支配会社ではない法人がある場合には、当該法人をその判定の基礎となる株主等から除外してもなお被支配会社となるものをいいます。ただし、資本金の額又は出資金の額が1億円以下であるものにあっては原則として適用対象から除外され、資本金又は出資金の額が5億円以上の大法人による完全支配関係がある会社等に限り適用対象となります（法税67①柱書かっこ書・66⑤二～五・⑥）。

（2）　留保金額と留保控除額

　留保金額とは、所得等の金額のうち留保した金額からその事業年度の法人税等の額を控除したものをいいます（法税67③）。所得等は、各事業年度の所得の金額に各種の調整を加えて算出されます（法税67③一～七）。そのほか留保金額については法人税法施行令による調整も行われます（法税令139の8）。また、租税特別措置法

において特別控除とされるものについても、留保金額の計算に当たっては所得等に含まれますので留意する必要があります。さらに、いわゆる「社外流出」にも留意する必要があります。

　留保控除額は、①所得基準額、②定額基準額、③利益積立金基準額のうち最も多い金額が適用されます。①②③はそれぞれ、①当該事業年度の所得等の金額の40％に相当する金額、②年2,000万円、③当該事業年度終了の時における資本金又は出資金の額の25％に相当する金額から、その時における利益積立金額（当該事業年度の所得等の金額に係る部分を除きます。）を差し引いた金額です（法税67⑤）。

　上記の留保金額が留保控除額を超える場合に、その超えた部分（「課税留保金額」といいます。）につき課税されることになります。

3　留保金課税の計算方法

　留保金課税に係る特別税率は上記の「課税留保金額」の区分に応じて、次の割合が適用されます（法税67①各号）。

① 　年3,000万円以下の場合　10％
② 　年3,000万円を超え年1億円以下の場合　15％
③ 　年1億円を超える場合　20％

　例えば、課税留保金額が1億3,000万円だった場合、留保金課税の税額は、
　3,000万円×10％＋7,000万円×15％＋3,000万円×20％＝1,950万円
となります。

4　留保金課税への対策

　留保金課税の対策として、特定同族会社の要件に該当しないように資本金の額を1億円以下にする方法や株主の持株比率をコントロールする方法、課税留保額金額を減らすために必要な先行投資等を行うことにより利益水準をコントロールする方法が考えられます。いずれの方法を実施する場合も税法その他の法令に照らして適切に実施する必要があります。

【97】　繰越欠損金

　繰越欠損金制度の概要、欠損金を繰り越すための条件、繰越可能期間、繰越控除の限度、会計処理の方法を教えてください。

相談対応の ポイント	◇所得の計算に当たり過去の欠損金を損金に算入することができます。 ◇繰越欠損金には、適用条件・期間・限度があります。 ◇繰越欠損金は税効果会計の対象になります。

1　繰越欠損金の概要

　欠損金とは、当該事業年度の損金の額が益金の額を超える場合のその超える部分のことです（法税2十九）。そして、過去の欠損金を、当該事業年度の所得の計算上損金の額に算入することを欠損金の繰越しといいます（法税57①）。最高裁平成25年3月21日判決（判時2193・3）では、繰越欠損金制度は、「各事業年度間の所得の金額と欠損金額を平準化することによってその緩和を図り、事業年度ごとの所得の金額の変動の大小にかかわらず法人の税負担をできるだけ均等化して公平な課税を行うという趣旨、目的から設けられた制度である」とされています。

2　繰越欠損金の適用条件・期間・限度

(1)　適用条件

　繰越欠損金制度を利用するためには、①欠損金額の生じた事業年度において確定申告書を提出していること、②その後の事業年度において連続して確定申告書を提出していること、③欠損金額の生じた事業年度に係る帳簿書類を法人税法施行規則に従い保存していることが必要です（法税57①⑩）。なお、青色申告書を提出しなかった事業年度の欠損金については、災害損失金額のみ繰越しできます（法税58①）。

(2)　繰越期間

　欠損金額の繰越期間は10年間です（法税57①）。ただし、平成30年4月1日より前に開始した事業年度の欠損金額については、平成27年度税制改正前の繰越期間が適用されるため、繰越期間は9年となります。

(3)　繰越控除額の限度

　繰越控除額の限度は中小法人等とそれ以外で異なります。中小法人等の例としては、資本金の額が1億円以下の中小企業でありかつ資本金の額が5億円以上の大企業による完全支配関係がない企業や公益法人、協同組合、人格のない社団等がこれに当たります（法税57⑪一）。

　中小法人等以外の法人の控除額の限度は、繰越控除前の所得の金額に次の率を乗じた金額です（法税57①ただし書、法税平27法9改正附則27②）。

①　平成24年4月1日から平成27年3月31日開始事業年度：80％

②　平成27年4月1日から平成28年3月31日開始事業年度：65％

③　平成28年4月1日から平成29年3月31日開示事業年度：60％

④　平成29年4月1日から平成30年3月31日開始事業年度：55％

⑤　平成30年4月1日から開始事業年度：50％

　これに対し、中小法人等の場合は、繰越控除前の所得の金額の100％が控除額の限度となります（法税57⑪）。

3　繰越欠損金の会計処理

　会計上の利益（収益から費用を差し引いたもの）と税務上の所得（益金から損金を差し引いたもの）は必ずしも一致するとは限らず、会計処理に当たっては適切に調整をする必要があります。また、繰越欠損金は、将来所得が発生した際に損金として算入され、所得を減らす作用があることから、将来減算一時差異と同様の効果があり、税効果会計の対象となります。

　仕訳の方法は、繰越欠損金の発生時に借方を「繰延税金資産」、貸方を「法人税等調整額」とし、繰越欠損金の解消時に借方を「法人税等調整額」、貸方を「繰延税金資産」とします。なお、仕訳では、繰越欠損金額をそのまま記載するのではなく、法定実効税率を乗じた法人税額に直して記載します。

　また、繰越欠損金に係る繰延税金資産は回収見込額として捉えられるものであるため、回収可能性を判断した上で計上をする必要があります。

【98】　設備投資に関する優遇税制

設備投資を行った場合にはどのような税法上の優遇措置がありますか。

相談対応のポイント	◇中小企業に対しては、多様な観点から、設備投資に関する優遇措置が用意されていますので、場面に応じて、適用を受けるべき優遇措置をご検討ください。 ◇ここでは、代表的なものとして固定資産税に関する特例及び法人税の軽減に関する特例をいくつか取り上げて紹介します。

1　概　要

　中小企業の成長発展（中小企業等経営強化法）、我が国の生産性の向上（産業競争力強化法）及び地域経済の発展促進（地域未来促進法）等、様々な観点から中小企業の設備投資に関する特例措置が設けられています。ここでは、固定資産税及び法人税の軽減に関して特に代表的な優遇措置を紹介します。

2　固定資産税の軽減

　中小企業等経営強化法上の認定を受けた先端設備等導入計画に基づく設備投資について、市町村（東京都特別区にあっては東京都）の判断により、新規取得される事業用家屋及び償却資産に係る固定資産税が最初の3年間最大ゼロ（課税標準に、市町村が条例で定めた割合（0〜1／2）を乗じた額）になります（地税附則64）。

　要件としては、認定から3〜5年の計画期間とすること、労働生産性につき、基準年度比で労働生産性が年平均3％以上向上すること等の他、計画内容、対象設備、中古資産の除外要件などもあります。具体的な申請手続や要件は各市町村によりますので、該当市町村の条例に従ってご検討ください。

3　法人税の軽減

(1)　中小企業投資促進税制

　青色申告書を提出する中小企業等は、機械装置、測定工具・検査工具、一定のソフトウェア、普通貨物自動車、内航船舶等一定の機械装置等の対象設備の取得や製作等をした場合に、①取得価額の30％の特別償却又は②7％の税額控除（②は

資本金3,000万円以下の法人のみ）を選択適用することができます（租特10の3・42の6）。

(2)　中小企業経営強化税制

青色申告書を提出する中小企業等は、中小企業等経営強化法上の認定を受けた経営力向上計画に基づき、対象設備の取得や製作等をした場合に、①即時償却又は②取得価額の10％の税額控除（ただし、資本金3,000万円超1億円以下の法人は7％）を選択適用することができます（租特10の5の3・42の12の4）。対象設備の累計は、4つで、生産性向上設備（A類型）、収益性強化設備（B類型）、デジタル化設備（C類型）、経営資源集約化設備（D類型）で、それぞれの要件があります。

(3)　少額減価償却資産

青色申告書を提出する中小企業等は、取得価額が30万円未満の減価償却資産（少額減価償却資産）であれば、合計300万円まで、即時に全額を経費として算入することができます（租特28の2・67の5）。

【99】　IT関連投資

IT関連の投資を行った場合には、どのような税法上の優遇措置がありますか。

相談対応の ポイント	◇DX投資促進税制という、ソフトウェア、繰延資産、有形固定資産を対象に、その取得や製作等に関して、一定の税額控除が適用される制度があります。

1　DX投資促進税制

ウィズ・ポストコロナ時代を見据え、デジタル技術を活用した企業変革（デジタルトランスフォーメーション：DX）を実現するためには、経営戦略・デジタル戦略の一体的実施が不可欠です。DX投資促進税制により、全社レベルのDXに向けた計画を認定しDXの実現に必要なクラウド技術を活用したデジタル関連投資に対し、税額控除（5％又は3％）又は特別償却30％が可能です。

2　適用対象

（1）　対象者

青色申告書を提出し、かつ、産業競争力強化法の認定事業適応事業者である法人です（産競21の28）。

（2）　対象資産

対象資産は、①ソフトウェア、②繰延資産（クラウドシステムへの移行に係る初期費用）、③器具備品（ソフトウェア・繰延資産と連携して使用するものに限ります。）、④機械装置（③に同じ）です。

（3）　優遇税制

㋐3％の税額控除（ただし、グループ外の他法人ともデータ連携する場合には、5％の税額控除）、㋑30％の特別償却のいずれかが選択的に適用可能です。なお、投資下限額は、国内売上高に対して0.1％、投資上限額は300億円（ただし、投資額が300億円を上回る場合は、300億円を限度に本制度を適用可能）です。

（4）　認定要件

主な認定要件には、計画期間（3〜5年）、財務の健全性、前向きな取組（新商品・サービスの生産・提供等、クラウドの有効利活用等）であること、デジタル要件（データ連携、クラウド技術活用、DX認定取得等）、企業変革要件（生産性向上又は売上向上等）等があります。

3　適用手続

(1)　情報技術事業適応に関する計画の作成

　情報技術事業適応に関する計画を作成し、事業所管大臣に認定の申請を行ってください。本段階において、計画が要件に合致するかについて、事前相談を実施して確認を行うことが必要となりますので、余裕を持った期間設定が望ましいです。なお、計画の内容は、競争情報を除き、公表されます。

(2)　事業適応計画の実施・税務申告

　事業所管大臣の認定を受けた後、計画に記載された資産の取得等をし、事業の用に供してください。また、税務申告の際は、一定の情報・書類を提出する必要があります。

(3)　事業実施状況報告

　認定を受けた計画に従って実施した内容については、各事業者の事業年度終了後3か月以内に、主務大臣に対して報告する必要があります。なお、報告の内容は、競争情報を除き、公表されます。

【100】　接待交際費の課税

中小企業では、接待交際費につきどのように課税の特例が認められていますか。

相談対応の ポイント	◇法人が支出した交際費は原則として、損金に算入することができませんが、中小法人については、その事業年度の交際費のうち、①800万円までを全額損金算入する、又は、②飲食費の50%までを損金算入することの選択適用が認められています。 ◇なお、1人当たり5,000円以下の飲食費は、交際費に含まれません。

1　交際費等の損金不算入制度の概要
(1)　趣　旨

交際費等の損金不算入の制度は昭和29年の成立以来、期限延長を繰り返して現在に至っており、交際費は原則として損金に算入することができません。

もっとも、中小法人の経済活動を支援する観点等から、一定の要件の下、交際費等の一部を算入することを認める特例が設けられています。

(2)　平成26年4月1日以後に開始する事業年度

中小法人が損金算入できる交際費等の額は、次のいずれかとなります。

　　ア　交際費等の額のうち、飲食その他これに類する行為のために要する費用（以下「飲食費」といいます。専らその法人の役員若しくは従業員又はこれらの親族に対する接待等のために支出するものを除きます。）の50%に相当する金額

　　イ　交際費等の額のうち、800万円にその事業年度の月数を乗じ、これを12で除して計算した金額（以下「定額控除限度額」といいます。）に達するまでの金額

(3)　平成25年4月1日から平成26年3月31日までに開始する事業年度

中小法人が損金算入できる交際費等の額は、交際費等の額のうち、定額控除限度額に達するまでの金額です。

(4)　平成25年3月31日以前に開始する事業年度

中小法人が損金算入できる交際費等の額は、交際費等の額のうち、600万円（平成21年3月31日以前に終了した事業年度においては400万円）にその事業年度の月

数を乗じ、これを12で除して計算した金額（以下「旧定額控除限度額」といいます。）に達するまでの金額の10％に相当する金額を、旧定額控除限度額から減算した金額となります。

2　交際費等とは

　交際費等とは、交際費、接待費、機密費その他の費用で、法人が、その得意先、仕入先その他事業に関係のある者などに対する接待、供応、慰安、贈答その他これらに類する行為（以下「接待等」といいます。）のために支出するものをいいます。ただし、以下の条件を満たすものを除きます。
① 　専ら従業員の慰安のために行われる運動会、演芸会、旅行等のために通常要する費用
② 　飲食費につき、その支出金額を飲食等の参加者の数で除して計算した金額が5,000円以下である費用であって、かつ、以下の書類を保存している場合
　　㋐　飲食等の年月日
　　㋑　飲食等に参加した得意先、仕入先その他事業に関係のある者等の氏名又は名称及びその関係
　　㋒　飲食等に参加した者の数
　　㋓　その費用の金額並びに飲食店等の名称及び所在地（店舗がないなどの理由で名称又は所在地が明らかでないときは、領収書等に記載された支払先の名称、住所等）
　　㋔　その他参考となるべき事項
③ 　その他の費用
　　㋐　カレンダー、手帳、扇子、うちわ、手ぬぐいその他これらに類する物品を贈与するために通常要する費用
　　㋑　会議に関連して、茶菓、弁当その他これらに類する飲食物を供与するために通常要する費用
　　㋒　新聞、雑誌等の出版物又は放送番組を編集するために行われる座談会その他記事の収集のために、又は放送のための取材に通常要する費用

【101】　出張旅費規程と税法

　役員の出張旅費に関する社内規程があれば、出張旅費の他に規定された日当を支払っても、その支払分は無税になるのでしょうか。

相談対応の ポイント	◇出張旅費の他に支払う出張手当が非課税支給額となるためには、出張手当の支給額が、役員及び使用人の地位等に応じた社内において適正なバランスが確保されており、かつ、同業種、同規模の会社等と比較しても多額ではなく、その旅行に通常必要とされる範囲内で支出されていることが必要となります。 ◇そのためには、あらかじめ適切な手続により出張手当に関する規定をした社内規則を整備しておくことが重要です。

1　出張にかかる費用の原則的取扱い

　立替経費は実費精算が原則のため、出張にかかる費用の原則的取扱いは、実費精算です。もっとも、出張に伴って生じる宿泊費の社内バランスの確保、出張時の少額交通費の実費精算の煩を省くこと又は出張に伴う出張者の追加的生活費の補填することは、実務上大きな要請であって、実費精算に代わって、企業が出張者に対して、出張手当や出張日当という形で、一定の金額を支給することが認められています。

2　出張手当が非課税支給であるための留意事項

（1）　旅費としての出張手当

　出張手当は、宿泊費、少額交通費その他の諸経費等の旅費を実費精算する代わりに支給されるものであるため、その本質は旅費であると考えられます。旅費は、次の点を勘案してその旅行に通常必要とされる費用の支出に充てられると認められる範囲内の支給額が非課税となります（所基通9−3、消基通11−2−1）。したがって、出張手当の支給額が、役員及び使用人の地位等に応じた社内において適正なバランスが確保されており、かつ、同業種、同規模の会社等と比較しても多額ではなく、その旅行に通常必要とされる範囲内で支出されている場合には、非課税支給と認められると考えられます。

　　ア　その支給額が、その支給をする使用者等の役員及び使用人の全てを通じ
　　　て適正なバランスが保たれている基準によって計算されたものであるかど
　　　うか。
　　イ　その支給額が、その支給をする使用者等と同業種、同規模の他の使用者
　　　等が一般的に支給している金額に照らして相当と認められるものであるか
　　　どうか。
(2)　課税支給となる部分
　他方で、以下のような場合には、課税支給額となると考えられます。なお、海
外出張のために支給する旅費、宿泊費及び日当等は、原則として課税支給額です
（消基通11-2-1）。

社内バランス	①特定個人の出張時にのみ、出張手当が支給されている場合 ②同水準の地位の者と比べて、特定個人に高額な支給がされている場合
金額の妥当性	①一般的に支給額が高額な場合、妥当な支給額を超える部分 ②当該出張の内容に照らして、不適切に高額な宿泊施設や交通手段の利用を想定して支給がされている場合、妥当な支給額を超える部分

3　出張手当を支払うために必要な社内規則の整備

　出張手当の支給額について、社内バランスが確保され、一般的に妥当なもので
あるためには、あらかじめその支給額を社内規則に規定しておくことが重要です。
通常、出張手当は出張旅費規程として規定されますが、出張旅費規程も就業規則
の一部のため、その制定のためには、次のとおり就業規則の作成・変更の手続を
とる必要があります。

意見聴取・意見書作成	【労働者の過半数で組織する労働組合がある場合】 　①労働組合の意見を聴取して意見書を作成する。 【労働者の過半数で組織する労働組合がない場合】 　①労働者の過半数を代表する者を選出する。 　②上記の代表者の意見を聴取して意見書を作成する。
変更届出等の作成・提出	就業規則変更届、上記意見書、変更後の就業規則を用意し、労働基準監督署に提出する。
内容周知	変更後の就業規則を、労働者の見やすい場所に掲載したり、書面を交付したりするなど、労働者に周知する。

【102】　節税対策と税理士の責任

　当社は、税理士のアドバイスに従って節税を行っていましたが、この度税務署から、申告漏れに該当するとの指摘を受けて、修正申告をすることになりました。修正申告により被った追徴課税や延滞税としての支払は、損害としてこの税理士に請求できるのでしょうか。

相談対応のポイント	◇御社の税理士に対する民事訴訟における損害賠償請求では、当然加算税や延滞税による損害の賠償対象となりますが、仮に当該税理士が税賠保険に加入していた場合でも、上記の過少申告加算税、延滞税に関する損害は填補されません。

1　税理士の債務不履行責任及び不法行為責任

（1）　税理士業務

　税理士の業務には、税務代理、税務書類の作成、税務相談（税理士2①）その他があり、税理士と依頼者との契約は、法的には委任契約とされ（最判昭58・9・20判タ513・151）。税理士は、委任契約に基づく善管注意義務として、委任の趣旨に従い、専門家としての高度の注意をもって委任事務を処理する義務を負います（東京地判平22・12・8判タ1377・123）。

（2）　税理士の債務不履行責任及び不法行為責任

　税理士が業務の過程でミスを犯した場合については、委任契約の受任者としての義務に違反したとして、債務不履行に基づく損害賠償責任が発生するとする裁判例と、税理士としての注意義務に違反したとして、不法行為に基づく損害賠償責任が発生するとする裁判例があります。

（3）　税理士の債務不履行責任

　現在までの税理士損害賠償に関する多数の裁判例の傾向からは、税理士の義務は、①説明助言義務、②有利選択義務、③不適正処理是正義務、④前提事実の確認義務、⑤積極調査義務、⑥税法以外の法令調査義務、⑦租税立法遵守義務、⑧第三者に対する義務に区分されます。

　御社の申告漏れが、税理士のいずれの義務違反によるものか否か、事案及び裁判例等を踏まえた検討が必要となります。

2　税理士に対する損害賠償請求

(1)　損害賠償請求の可能性

納税者が、①当該税理士との間の契約が成立し、②当該アドバイスが税理士との業務範囲で、③税理士の責に帰すべき債務不履行があり、その債務不履行により納税者としての御社が被った損害については、加算税及び延滞税を含め相当因果関係のある範囲につき、当該税理士に対し賠償請求できる可能性があります。ただし、④損害につき、過失相殺の適用対象となる可能性があります（前橋地判平14・12・6（平12（ワ）557））。

(2)　税理士職業賠償責任保険

税理士によっては、日本税理士連合会を保険者とする団体保険の税理士職業賠償責任保険（以下「税賠保険」といいます。）に加入し、納税者からの賠償請求に備えている場合があります。しかしながら、税賠保険には限界があり、御社に対する関係で税理士が負担し得る損害を全て補填するものではありません。すなわち、①税賠保険の対象は「税理士業務」であり、税理士法で定める税理士業務から、付随する社労士業務などを除いた業務であり、税理士法の外の財務や経営コンサルタント業務、相続における税務以外の助言業務などの結果、損害が発生した場合は、税賠保険の対象に含まれません。また、②過少申告加算税、無申告加算税、不納付加算税、延滞税、利子税又は過少申告加算金、不申告加算金若しくは延滞金に相当する損失、重加算税又は重加算金を課されたことに起因する賠償責任、納付すべき税額を過少に申告した場合に、本来納付すべき本税（又は本来還付を受けられなかった税額）は、免責対象となります。

3　小　括

御社の税理士に対する民事訴訟における損害賠償請求では、当然加算税や延滞税による損害の賠償対象となりますが、仮に当該税理士が税賠保険に加入していた場合でも、上記の過少申告加算税、延滞税に関する損害は填補されません。

【103】　個人版事業承継税制のあらまし

個人事業者の事業承継に関する税制のあらましを教えてください。

相談対応の ポイント	◇個人事業者の事業承継に関する贈与税・相続税の納税免除を定 める事業承継税制の適用対象となるか、適用した場合の利害得 失を検討します。

1　個人版事業承継税制

(1)　個人版事業承継税制のあらまし

個人版事業承継税制は、青色申告（正規の簿記の原則によるものに限ります。）に係る事業（不動産貸付業等を除きます。）を行っていた事業者の後継者として経営承継円滑化法の認定を受けた者が、平成31年1月1日から令和10年12月31日まで（先代事業者の生計一親族からの特定事業用資産の贈与・相続等については、上記の期間内で、先代事業者からの贈与・相続等の日から1年を経過する日までにされたものに限ります。）の贈与又は相続等により、特定事業用資産を取得した場合は、①その青色申告に係る事業の継続等、一定の要件の下、その特定事業用資産に係る贈与税・相続税の全額の納税が猶予され、②後継者の死亡等、一定の事由により、納税が猶予されている贈与税・相続税の納税が免除される制度です。

(2)　「特定事業用資産」の定義

特定事業用資産とは、先代事業者（贈与者・被相続人）の事業の用に供されていた資産で、贈与又は相続等の日の属する年の前年分の事業所得に係る青色申告書の貸借対照表に計上されていたものです。①宅地等（400㎡まで）、②建物（床面積800㎡まで）、③②以外の減価償却資産で固定資産税の課税対象、自動車税・軽自動車税の営業用の標準税率が適用されるものその他一定のものです。

2　贈与税の納税猶予・免除の手続概要

個人版事業承継税制の適用を受けた場合の贈与税の納税猶予・免除の手続の概要は、以下のとおりです。

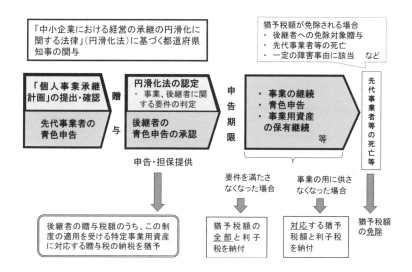

3　相続税の納税猶予・免除の手続概要

　個人版の事業承継税制の適用を受けた場合の相続税の納税猶予・免除の手続の概要は、以下のとおりです。

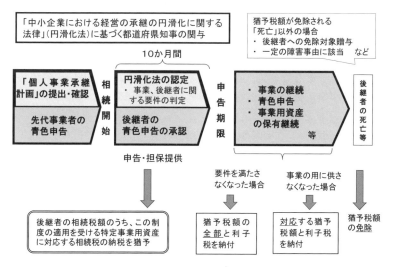

　2・3の図とも出典は『個人の事業用資産についての贈与税・相続税の納税猶予・免除（個人版事業承継税制）のあらまし』（国税庁）（https://www.nta.go.jp/publication/pamph/pdf/0023006-133_04.pdf（2023.8.9））。

【104】　個人版事業承継税制（贈与税の納税猶予・免除）

　個人事業者が事業承継を行う場合の贈与税の納税猶予及び免除について教えてください。

相談対応のポイント	◇個人事業者の事業承継に関する贈与税の納税免除を定める事業承継税制の適用対象となるか、適用した場合の利害得失を検討します。

1　贈与税の納税猶予の要件

　贈与税の納税猶予の要件は、後継者である受贈者の主な要件、先代事業者で等である贈与者の要件、担保提供からなります。

　(1)　受贈者の要件

　受贈者の要件は、①贈与の日において18歳以上であること、②経営承継円滑化法の認定を受けていること、③贈与の日まで引き続き3年以上にわたり、特定事業用資産に係る事業（同種・類似の事業等を含みます。）に従事していたこと、④贈与税の申告期限において開業届出書を提出し、青色申告の承認を受けていること、⑤特定事業用資産に係る事業が、資産管理事業及び性風俗関連特殊営業に該当しないことです。なお、「資産管理事業」とは、有価証券、自ら使用していない不動産、現金・預金等の特定の資産の保有割合が特定事業用資産の事業に係る総資産の総額の70％以上となる事業（資産保有型事業）やこれらの特定の資産からの運用収入が特定事業用資産に係る事業の総収入金額の75％以上となる事業（資産運用型事業）をいいます。

　(2)　先代事業者等である贈与者の主な要件

　贈与者が先代事業者である場合には、①廃業届出書を提出していること又は贈与税の申告期限までに提出する見込みであること、②贈与の日の属する年、その前年及びその前々年の確定申告書を青色申告書により提出していることです。なお、贈与者が先代事業者以外の場合には、①先代事業者の贈与又は相続開始の直前において、先代事業者と生計を一にする親族であること、②先代事業者からの贈与又は相続後に特定事業用資産の贈与をしていることです。

　(3)　担保提供

　納税が猶予される贈与税額及び利子税の額に見合う担保を税務署に提供する必要があり、贈与税の納税猶予はあくまで猶予であり、納税義務は消滅しません。

2　贈与税の納税義務の免除を受ける場合

個人版事業承継税制による贈与税の納税猶予の適用を受けた者の免除は、以下のとおりです。

(1)　猶予税額の全額が免除される場合

全額免除の場合とは、①特例事業受贈者又は贈与者が死亡した場合、②贈与税申告期限から5年を経過した後に次の後継者へ特例の適用を受けた事業用資産を贈与し、その後継者が新たに個人版事業承継税制による贈与税の納税猶予の適用を受ける場合、③一定のやむを得ない理由により事業を継続することができなくなった場合です。

(2)　猶予税額の一部が免除される場合

一部免除の場合とは、①同族関係者以外の者へ事業用資産を一括して譲渡する場合、②特例事業受贈者について民事再生計画の決定があった場合、③経営環境の変化を示す一定の要件を満たす状況において、事業用資産の一括譲渡又はその事業の廃止をする場合です。

3　納税猶予が打ち切られて納税義務が発生する場合

相続税の場合とほぼ同様です（【105】参照）。

4　検討事項

贈与税の納税猶予を受けるに当たっては、経営承継円滑化法の認定、受贈者の3年間の事業従事、資産保有型事業、資産運用型事業、性風俗関連特種営業に該当しないことなどの要件があり、要件適用及び準備検討のため一定の時間を要するため早期の準備が必要です。また、事業状況の変化等により、要件該当性を維持できなくなった場合には、猶予税額等の納付を行うリスクに直面します。事業の展望を見据えて、適用対象とするか総合的な検討が必要です。

【105】　個人版事業承継税制（相続税の納税猶予・免除）

個人事業者の相続発生後、事業承継を行う場合の税制につき教えてください。

相談対応の ポ イ ン ト	◇個人事業者の事業承継に関する相続税の納税免除を定める事業承継税制の適用対象となるか、適用した場合の利害得失を検討します。

1　相続税の納税猶予の要件

　相続税の納税猶予の要件は、後継者である相続人の主な要件、先代事業者で等である被相続人の要件、担保提供からなります。

　(1)　後継者である相続人等の主な要件

　①経営承継円滑化法の認定を受けていること、②相続開始の直前において特定事業用資産に係る事業（同種・類似の事業等を含みます。）に従事していたこと（先代事業者等が60歳未満で死亡した場合を除きます。）、③相続税の申告期限において開業届出書を提出し、青色申告の承認を受けていること（見込みを含みます。）、④特定事業用資産に係る事業が、資産管理事業及び性風俗関連特殊営業に該当しないこと、⑤先代事業者等から相続等により財産を取得した者が、特定事業用宅地等について小規模宅地等の特例の適用を受けていないことです。

　(2)　先代事業者等である被相続人の主な要件

　被相続人が先代事業者である場合には、相続開始の日の属する年、その前年及びその前々年の確定申告書を青色申告書により提出していることであり、被相続人が先代事業者以外の場合には、①先代事業者の相続開始又は贈与の直前において、先代事業者と生計を一にする親族であること、②先代事業者からの贈与又は相続後に開始した相続に係る被相続人であることです。

　(3)　担保提供

　納税が猶予される相続税額及び利子税の額に見合う担保を税務署に提供する必要があります。

2　相続税の納税義務の免除を受ける場合

　個人版事業承継税制による相続税の納税猶予の適用を受けた者の免除は、①後継者が死亡した場合、②特定申告期限の翌日から5年を経過する日後に、特例事業

用資産の全てについて「免除対象贈与」を行った場合、③事業を継続することができなくなったことについて、やむを得ない理由がある場合、④破産手続開始の決定などがあった場合、⑤事業の継続が困難な一定の事由が生じた場合において、特例事業用資産の全ての譲渡・事業の廃止をしたときです。

なお、③の「やむを得ない理由」とは精神保健及び精神障害者福祉に関する法律の規定により精神障害者保健福祉手帳（障害等級が1級）の交付を受けたこと、身体障害者福祉法の規定により身体障害者手帳（身体上の障害の程度が1級又は2級）の交付を受けたこと、介護保険法の規定による要介護認定（要介護状態区分が要介護5）を受けたことのいずれかに該当する場合です。

3　納税猶予が打ち切られて納税義務が発生する場合

(1)　相続税の全額と利子税の納付が必要な場合

①事業を廃止した場合、②資産管理事業又は性風俗関連特殊営業に該当した場合、③特例事業用資産に係る事業について、その年のその事業に係る事業所得の総収入金額がゼロとなった場合、④青色申告の承認が取り消された場合、⑤青色申告の承認の申請が却下された場合です。

(2)　相続税の一部と利子税の納付が必要な場合

特例事業用資産が事業の用に供されなくなった場合には、納税が猶予されている相続税のうち、その事業の用に供されなくなった部分に対応する相続税と利子税を併せて納付します。ただし、事業用資産の陳腐化による廃棄、買い替え、現物出資の場合においては納税猶予が継続される場合があります。

4　検討事項

先代事業者等（被相続人）に係る相続等により取得した宅地等について小規模宅地等の特例の適用を受ける者がある場合、その適用を受ける小規模宅地等の区分に応じ、個人版事業承継税制の適用が制限される場合がありますので、適正な有利選択を行う必要があります。また、納税猶予の要件を充足しなくなった場合の納税リスクについては、贈与税の場合と同様です（【104】参照）。

【106】　法人版事業承継税制のあらまし

非上場会社の事業承継に関する税制のあらましを教えてください。

相談対応の ポイント	◇法人の事業承継に関する贈与税・相続税の納税免除を定める事業承継税制の適用対象となるか、適用した場合の利害得失を検討します。

1　法人版事業承継税制

(1)　法人版事業承継税制のあらまし

　法人版事業承継税制は、後継者である受贈者・相続人等が、経営承継円滑化法の認定を受けている非上場会社の株式等を贈与又は相続等により取得した場合において、その非上場株式等に係る贈与税・相続税について、一定の要件の下、その納税を猶予し、後継者の死亡等により、納税が猶予されている贈与税・相続税の納付が免除される制度です。平成30年度税制改正で、法人版事業承継税制について、これまでの措置に加え、10年間の措置として、納税猶予の対象となる非上場株式等の制限（総株式数の3分の2まで）の撤廃や、納税猶予割合の引上げ（80%から100%）等がされた特例措置が創設されています。

(2)　一般措置と特例措置

　法人版事業承継税制には、「一般措置」と「特例措置」の2つの制度があり、特例措置については、事前の計画策定等や適用期限が設けられる一方、納税猶予の対象となる非上場株式等の制限（総株式数の最大3分の2まで）の撤廃や納税猶予割合の引上げ（80%から100%まで）がされているなどの違いがあります。

	特例措置	一般措置
事前の計画策定等	特例承継計画の提出 ［平成30年4月1日から 令和6年3月31日まで］	不要
適用期限	次の期間の贈与・相続等 ［平成30年1月1日から 令和9年12月31日まで］	なし
対象株数	全株式	総株式数の最大3分の2まで
納税猶予割合	100%	贈与：100%　相続：80%
承継パターン	複数の株主から最大3人の後継者	複数の株主から1人の後継者
雇用確保要件	弾力化	承継後5年間 平均8割の雇用維持が必要
事業の継続が困難な 事由が生じた場合の免除	あり	なし
相続時精算課税の適用	60歳以上の者から18歳以上の者への贈与	60歳以上の者から18歳以上の推定相続人（直系卑属）・孫への贈与

2　贈与税の納税猶予・免除の手続概要

　贈与税の納税猶予・免除の手続の概要は、以下のとおりです。

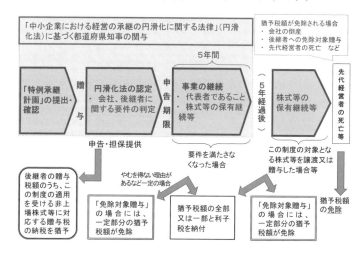

3　相続税の納税猶予・免除の手続概要

　相続税の納税猶予・免除の手続の概要は、以下のとおりです。

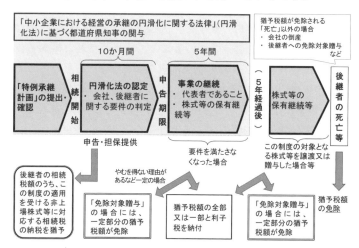

　上記3つの図の出典は「非上場株式等についての贈与税・相続税の納税猶予・免除（法人版事業承継税制）のあらまし」（国税庁）（https://www.nta.go.jp/publication/pamph/pdf/0023006-133_01.pdf（2023.8.9））（1については一部加工してあります。）。

【107】　法人版事業承継税制（贈与税の納税猶予・免除）

非上場会社が、事業承継を行う場合の贈与税の納税猶予及び免除につき教えてください。

相談対応のポイント	◇非上場会社の事業承継に関する贈与税の納税免除を定める事業承継税制の適用対象となるか、適用した場合の利害得失を検討します。

1　贈与税の納税猶予の要件

贈与税の納税猶予の要件は、対象となる会社の要件、後継者である受贈者の要件、担保提供からなります。

(1)　会社の要件

会社の主な要件は、①上場会社、②中小企業者に該当しない会社、③風俗営業会社、④資産管理会社（一定の要件を満たすものを除きます。）のいずれにも該当しないことです。

(2)　後継者である受贈者の主な要件

贈与の時において、①会社の代表権を有していること、②18歳以上であること、③役員の就任から3年以上を経過していること、④後継者及び後継者と特別の関係がある者で総議決権数の50％超の議決権数を保有することとなること、⑤特例措置の場合、後継者の有する議決権数が、次の㋐又は㋑に該当することです。㋐後継者が1人の場合には、後継者と特別の関係がある者（他の後継者を除きます。）の中で最も多くの議決権数を保有することとなること、㋑後継者が2人又は3人の場合には総議決権数の10％以上の議決権数を保有し、かつ、後継者と特別の関係がある者（他の後継者を除きます。）の中で最も多くの議決権数を保有することとなることです。

(3)　先代経営者等である贈与者の主な要件

①会社の代表権を有していたこと、②贈与の直前において、贈与者及び贈与者と特別の関係がある者で総議決権数の50％超の議決権数を保有し、かつ、後継者を除いたこれらの者の中で最も多くの議決権数を保有していたこと、③贈与時において、会社の代表権を有していないことです。

（4）　担保提供

納税が猶予される贈与税額及び利子税の額に見合う担保を税務署に提供する必要があります。贈与税の納税猶予はあくまで猶予であり、納税義務は消滅しません。

2　贈与税の納税義務の免除を受ける場合

贈与税の①先代経営者等（贈与者）が死亡した場合、②後継者（受贈者）が死亡した場合、③（特例）経営贈与承継期間内において、やむを得ない理由により会社の代表権を有しなくなった日以後に「免除対象贈与」を行った場合、④（特例）経営贈与承継期間の経過後に「免除対象贈与」を行った場合、⑤（特例）経営贈与承継期間の経過後において会社について破産手続開始決定などがあった場合、⑥特例経営贈与承継期間の経過後に、事業の継続が困難な一定の事由が生じた場合において、会社について、譲渡・解散した場合です。

3　納税猶予が打ち切られて納税義務が発生する場合

相続税の場合とほぼ同様です（【108】参照）。

4　検討事項

贈与税の納税猶予を受けるに当たっては、経営承継円滑化法の認定、受贈者の3年間の事業従事、資産保有型事業、資産運用型事業、性風俗関連特種営業に該当しないことなどの要件があり、要件適用及び準備検討のため一定の時間を要するため早期の準備が必要です。また、事業状況の変化等により、要件該当性を維持できなくなった場合には、猶予税額等の納付を行うリスクに直面します。事業の展望を見据えて、適用対象とするか総合的な検討が必要です。

【108】　法人版事業承継税制（相続税の納税猶予・免除）

非上場会社が、相続発生後、事業承継を行う場合の税制につき教えてください。

相談対応の ポイント	◇非上場会社の事業承継に関する相続税の納税免除を定める事業 承継税制の適用対象となるか、適用した場合の利害得失を検討 します。

1　相続税の納税猶予の要件

　相続税の納税猶予の要件は、対象となる会社の主な要件、後継者である相続人等の要件、先代経営者等である被相続人の要件、担保提供からなります。

　(1)　会社の要件

　①上場会社、②中小企業者に該当しない会社、③風俗営業会社、④資産管理会社（一定の要件を満たすものを除きます。）のいずれにも該当しないことです。

　(2)　後継者である相続人等の主な要件

　①相続開始の日の翌日から5か月を経過する日において会社の代表権を有していること、②相続開始の時において、後継者及び後継者と特別の関係がある者で総議決権数の50％超の議決権数を保有することとなること、③特例措置の場合、相続開始の時において後継者が有する議決権数が、次の㋐又は㋑に該当することです。㋐後継者が1人の場合には、後継者と特別の関係がある者（他の後継者を除きます。）の中で最も多くの議決権数を保有することとなること、㋑後継者が2人又は3人の場合には、総議決権数の10％以上の議決権数を保有し、かつ、後継者と特別の関係がある者（他の後継者を除きます。）の中で最も多くの議決権数を保有することとなること、④相続開始の直前において、会社の役員であることです。

　(3)　先代経営者等である被相続人の主な要件

　①会社の代表権を有していたこと、②相続開始直前において、被相続人及び被相続人と特別の関係がある者で総議決権数の50％超の議決権数を保有し、かつ、後継者を除いたこれらの者の中で最も多くの議決権数を保有していたことです。

　(4)　担保提供

　納税が猶予される相続税額及び利子税の額に見合う担保を税務署に提供する必要があります。

2　相続税の納税義務の免除を受ける場合

　法人版事業承継税制による相続税の納税猶予の適用を受けた者は、①後継者が死亡した場合、②（特例）経営承継期間内において、やむを得ない理由により会社の代表権を有しなくなった日以後に「免除対象贈与」を行った場合、③（特例）経営承継期間の経過後に「免除対象贈与」を行った場合、④（特例）経営承継期間の経過後において、会社について破産手続開始の決定などがあった場合、⑤特例経営承継期間の経過後に、事業の継続が困難な一定の事由が生じた場合において、会社について、譲渡・解散した場合には、相続税の納税義務の免除を受けます。

3　納税猶予が打ち切られて納税義務が発生する場合

　(1)　相続税の全額と利子税の納付が必要な場合

　①（特例）経営承継期間内に対象非上場株式の一部の譲渡（ただし、免除対象贈与を除きます。）、②（特例）経営承継期間内に後継者が代表者でなくなる場合、③資産管理会社等に該当する場合、④（特例）経営承継期間内に、一定の基準日における雇用の平均が、「相続時の雇用の8割」を下回った場合（一般措置の場合のみ）等の場合です。

　(2)　相続税の一部と利子税の納付が必要な場合

　（特例）経営承継期間経過後の対象非上場株式の一部譲渡があった場合です。

4　検討事項

　贈与税の納税猶予同様、要件適用及び準備検討のため一定の時間を要するため早期の準備が必要です。また、事業状況の変化等により、要件該当性を維持できなくなった場合には、猶予税額等の納付を行うリスクに直面します。事業の展望を見据えて、適用対象とするか総合的な検討が必要です。

事　項　索　引

事項索引

あ　と　が　き

　本書は、どのような中小企業においても問題となり得る諸問題について、典型的な設問を設定して、これに各分野の専門の弁護士が回答と解説を加えた書籍です。本書の関連書籍である「必携　実務家のための法律相談ハンドブック」は、一般市民の法律相談を受けた弁護士などが、一通りの回答をするための書籍でしたが、我々弁護士が、日常、対応するもう一つの大きな分野が、中小企業の方々からの法律相談となります。幸い、「必携　実務家のための法律相談ハンドブック」は世に広く受け入れていただき、好評につき重版を重ねている状況です。そこで、同書に続く第2弾として、中小企業において、日々起こり得る法律問題を厳選し、設問と解説をすべて見開き2頁でコンパクトにまとめ上げたものが本書となります。

　本書は、中小企業の法律相談を担当する弁護士を想定したものですが、必ずしも弁護士に限らず、中小企業の法務担当者や代表者の方が、自社において起きた、または起きるであろう問題につき、どのような解決があり得るのかを調べる際にも、極めて有用なツールとなります。また、弁護士に限らず、中小企業の法律問題について相談を受けることがある士業の方々、その他すべての方々にとって、広く参考となる書籍です。

　本書の使い方としては、法律相談で中小企業の担当者の方から聞かれた問題につき、ピンポイントでその回答と解説をお読みいただくということを想定していますが、このような利用方法に限られるものではありません。たとえば労務問題につき相談を受ける場合、事前に人事労務の章を通読しておいていただければ、当該分野につき典型的な法律相談に関して一通りの知識を短期間で身に付けることができます。各分野、10問前後の設問であり、各設問はいずれも見開き2頁で完

結する形式となっておりますので、数時間あれば一つの分野の設問と解説を読み切って、当該分野をマスターすることも可能です。

　本書は、実務家が、実務において問題を解決するための参考となる書籍として執筆したものですので、学術的な論文とは異なり、実務上の取扱いや、判例・裁判例に基づいた結論を簡潔に解説するという体裁となっております。また、見やすさや理解のしやすさを重視し、図や表を多用するなどして、コンパクトな表現を心がけております。したがって、当該分野や当該問題につき、より詳しく調べる必要が生じた際は、解説において参考として挙げた書籍の該当箇所や、所轄官庁のHPを参照していただくことによって、さらに充実した知識を収得することが可能となります。

　末筆となりますが、本書を手に取ってくださったすべての読者の方々に、御礼を申し上げるとともに、本書を存分に活用して、中小企業において発生する法的諸問題を、迅速かつ適切に解決していただければと思います。

編集委員代表　弁護士　板橋　喜彦

必携
実務家のための法律相談ハンドブック
　　　　顧問先等企業編

令和5年9月20日　初版発行

編　集　第一東京弁護士会　全期会
　　　　第一東京弁護士会　全期旬和会

発行者　新日本法規出版株式会社
　　　　代表者　星　　　謙　一　郎

発　行　所　新日本法規出版株式会社

本　　　社
総轄本部　　（460-8455）　名古屋市中区栄1－23－20

東京本社　　（162-8407）　東京都新宿区市谷砂土原町2－6

支社・営業所　札幌・仙台・関東・東京・名古屋・大阪・高松
　　　　　　　広島・福岡

ホームページ　https://www.sn-hoki.co.jp/

【お問い合わせ窓口】
新日本法規出版コンタクトセンター
　📞 0120-089-339（通話料無料）
　●受付時間／9：00〜16：30（土日・祝日を除く）